¡A ESCENA!

Mercedes Segura Amat

¡A escena!

Lo que el teatro aporta a la comunicación empresarial

EMPRESA ACTIVA

Argentina - Chile - Colombia - España
Estados Unidos - México - Uruguay - Venezuela

Aribau, 142, pral. – 08036 Barcelona
www.empresaactiva.com
www.edicionesurano.com

ISBN-13: 978-84-96627-15-4
Depósito legal: B-745-2007

Fotocomposición: Ediciones Urano, S. A.
Impreso por Romanyà Valls, S. A. – Verdaguer, 1
08786 Capellades (Barcelona)

Impreso en España - *Printed in Spain*

A Laura y Alberto, mis Xirgus particulares

Índice

Agradecimientos

Quisiera expresar mi más sincero agradecimiento:

A Andrea, por su paciencia y generosidad. Por las incontables veces que ha leído estas páginas y lo mucho que ha contribuido a mejorarlas.

A Fernando Trías de Bes, por su amistad y su tiempo. Por sus valiosas aportaciones a este libro, y por darme el empujón inicial tanto para escribirlo como para publicarlo.

A Guillermo Cisneros, por darme la oportunidad de impartir clases de teatro en una escuela de negocios.

A Valdo, mi maestra, por los ejercicios que generosamente compartió conmigo, y por el esquema inicial que elaboró para mis clases, y que sirvió también de esqueleto para estas páginas.

A Gabriela de la Herrán, por los textos teatrales y la información sobre Theatrum. Por hacerme sentir que, en la distancia, aún soy miembro del grupo.

A Olga Sabala, por sus aportaciones sobre el mundo del comercio.

A Beatriz García-Sarabia, Begoña Castillo, Luis Pintor, Silvia Catarineu y Cristina Segura, por la información y anécdotas que han enriquecido estas páginas.

A los profesores de las escuelas de teatro por las que he pasado. Por sus enseñanzas y su pasión.

A los alumnos a quienes he tenido el placer de dar clase, por su valentía y entrega, por los momentos que nos han regalado. Y en especial: Pablo Fuente, Antonio Grande, Pedro Amador, Mikel Alava, Javier Díaz-Barceló, Mar Santana, Mateo Leal, Luis Cámara, Alberto Iglesias, y los creativos alumnos de Pool Academy.

A Joan Salvador, por sus acertadas aportaciones y correcciones al manuscrito original.

A Maru de Montserrat, mi agente y Carlos Martínez, mi editor, por apostar por este proyecto, confiar en mí, y abrirme las puertas de un nuevo mundo.

Prólogo

El lector debe leer este buen libro de Mercedes Segura con ánimo positivo y sin prejuicios ni reservas de ningún género. La conexión entre teatro y vida empresarial y directiva es un tema serio y, además, como dicen los italianos, «divertente». Aunque no lo pensemos ni aceptemos, nuestra vida, en todas sus manifestaciones, está siempre conectada con el teatro y de lo que trata este libro es de hacer buen teatro, no para engañar o mentir, sino para llenar de sentido y de eficacia la transmisión de nuestros sentimientos. Un ejecutivo actual tiene que conocer las técnicas oratorias y teatrales, y las escuelas de negocios en España y en el mundo ya han aceptado e incorporado estas disciplinas en la formación profesional. El déficit español en estas materias es especialmente grave y negativo. Apuesto lo que sea a que no habrá un solo lector a quien le defraude su libro. Merece la pena, es de fácil lectura y puede cambiar y mejorar actitudes.

ANTONIO GARRIGUES WALKER,
Presidente de la Fundación
José Ortega y Gasset

Introducción

¿Puede el teatro ser útil a los no actores?

«El teatro es una de las primeras actividades humanas, una de las más persistentes y tal vez una de las más humanas. Por su intermedio el poder creador de los hombres se ejerce con la mayor veracidad y eficacia.»

LOUIS JOUVET
dramaturgo francés, actor, director de cine y teatro, 1887-1951

«El talento de actuar consiste en que el actor comunica al público, de modo instantáneo, sus pensamientos y sentimientos.»

SYDNEY LUMET
director, productor y guionista de cine norteamericano, 1924

El teatro lo inventaron los griegos. En griego persona quiere decir «careta». Los actores griegos utilizaban una máscara con expresión risueña o triste, según lo que querían representar.

Yo tengo dos caretas: soy ejecutiva, soy actriz. A lo largo de los años he ido compaginando mi carrera profesional en el mundo de la empresa con mi pasión por el teatro. La defino como pasión pues para mí es más que un *hobby*.

Este libro nace con el objetivo de mostrar lo útil que puede ser el teatro y sus técnicas al no actor, como lo ha sido para mí. Con estas páginas quiero ayudar a los ejecutivos y a todos los no actores a desarrollar sus capacidades de comunicación, de expresión, de empatía con los demás a través de una serie de técnicas y ejercicios con los que los actores se concentran y preparan sus personajes.

Pero ¿de verdad puede el teatro ser útil a quien no es actor en su vida cotidiana? La respuesta es sí, rotundamente. Voy a contar un poco el camino recorrido para llegar a esta conclusión.

Pienso en las personas que he conocido en distintas empresas, las comparo con los grupos de teatro de los que he formado parte y veo entonces una diferencia clave en sus interacciones: «la tensión emocional». En las empresas o en cualquier organización de tipo empresarial o económico (podría ser una tienda de lámparas, un museo, una agencia de viajes, un banco, una consultora, una Pyme o una multinacional) cuando las personas se relacionan, por lo general procuran mostrar poco de ellas mismas, lo cual hace que estén algo, bastante o muy tensas (dependiendo de su carácter, de sus habilidades interpersonales... en fin, de un montón de factores que pertenecen al terreno de la psicología).

Tienen que pasar los años o vivir situaciones difíciles o de mucho contacto (como es el caso de los delegados de ventas que pasan días juntos recorriendo su zona) para que los profesionales muestren aspectos significativos de su yo más íntimo. Lo pueden hacer con alguien concreto, ese alguien que seleccionen dentro de la compañía como confidente o amigo y con el que se sientan a gusto. Pero no lo harán de forma generalizada. Parece que los ejecutivos se mueven envueltos por muchas «capas» que cubren su auténtico yo, como si fueran una cebolla. Capas que se superponen con el paso del tiempo, por la experiencia acumulada en otras empresas, por las decepciones con algunos colegas, por las opiniones que a su vez nos forjamos de los que nos rodean, etc.

Cuando un ejecutivo se comunica, a menudo deja de lado las emociones, como si creyera que para ser profesional debe evitar que entren en juego en el entorno de la empresa. Se olvida de que es persona antes que profesional, que las emociones forman parte de su ser y juegan un papel crítico en muchas ocasiones.

En teatro, en cambio, el mismo actor se quita muchas de esas «capas» antes de empezar a ensayar. Sabe que le van a estorbar para trabajar bien, sabe que está entre compañeros, pues quienes se dedican al teatro, ya sea como aficionados o como profesionales, lo suelen hacer por vocación. Se trata de personas que comparten una misma ilusión, forman un grupo que, por su naturaleza, está motivado en principio hacia un mismo objetivo. Eso hace que la comunicación inicial sea más directa y, sobre todo, más sincera. Los actores trabajan con «la tensión emocional», pero no en las relaciones con sus compañeros, sino focalizada en el trabajo de interpretación, en la exploración del personaje.

Al comparar mi actitud en la empresa con la que tenía ante el grupo de teatro siempre me asaltaba la misma duda: ¿Cómo era posible que en la empresa personas en principio mucho más afines que las del teatro tuvieran una relación tan poco natural? En la multinacional para la que trabajaba la mayoría rondábamos los 30 años, éramos solteros y no teníamos hijos, casi todos procedíamos de una universidad de económicas, empresariales o similar y algunos teníamos un MBA, hablábamos varios idiomas y nos apasionaba el marketing... En fin, éramos animales de multinacional. Nos llevábamos bien, salíamos juntos de copas y nos reíamos, pero había gente siempre en tensión, incluso yo misma no conseguía, en muchas ocasiones, relajarme y «ser yo». Me notaba siempre alerta, lista para detectar el ataque y desplegar mis mejores herramientas de defensa. En cambio, en la escuela de teatro, aunque el grupo no podía ser más variopinto, las relaciones fluían, todo era más fácil, nadie tenía que fingir ser lo que no era. Recuerdo a un cartero que odiaba su trabajo, a la hija de un panadero que ayudaba a su padre y soñaba con librarse de ese mundo, a un ejecutivo especializado en estudios de mercado que llevaba «doble vida», como yo, a una estudiante de psicología que usaba el teatro como válvula de escape tras descubrir que su padre era gay, a una colegiala a la que habían colado en el grupo por sus grandes dotes artísticas, a un poeta de éxito, a un funcionario del ayuntamiento, casado y con varios hijos, a un poeta frustrado... entre otros. No teníamos un rasgo demográfico, social ni económico en común. Pero todos compartíamos la misma pasión por el teatro. Y eso nos predisponía y nos abría a mostrarnos y a recibir estímulos de los demás. Ésa era la gran diferencia, la capacidad de emocionar y emocionarnos.

Por supuesto, entre los miembros de una empresa y una *trouppe* de teatro hay diferencias. La motivación del personal es una de ellas. En una empresa, no necesariamente todos los empleados tienen la misma ilusión por trabajar que los actores por participar en una obra de teatro o una película. Eso condicionará su forma de relacionarse y por tanto, de comunicarse. Tampoco el compañerismo que se respira *a priori* en la *trouppe* se reproduce en los distintos departamentos de una empresa, pues los intereses o ambiciones contrapuestos de varios individuos pueden enrarecer el ambiente. Pero también en las compañías de teatro hay problemas de egocentrismo, divismo, envidias..., moneda de cambio común en el universo de los artistas. Es decir, cada entorno tiene sus luces y sus sombras.

Pero entre los actores profesionales o aficionados y los ejecutivos y directivos hay puntos en común. Más de los que ellos puedan imaginar. Todos son actores del gran teatro del mundo, todos buscan un camino a seguir.

De modo que me planteé qué ocurriría si los ejecutivos afrontaran su trabajo diario:

1. Con la preparación del actor. Con la misma relajación, con la misma concentración, con el mismo análisis y conocimiento de la escena y del texto, con el mismo respeto por el público.

2. Con el compromiso personal que asume el actor, con la misma sinceridad, con la misma pasión.

El actor se juega su piel, no establece una distancia entre su persona y el papel, tiene que implicarse si no quiere sonar a falso. Por supuesto, utiliza herramientas para protegerse de los personajes, de lo contrario acabaría loco, pues los distintos matices psicológicos de cada papel que interpretase se inmiscuirían en su propia personalidad. Pero no puede delegar su implicación en cada personaje que interpreta ni fingirla, no puede separar su personalidad de su yo actor, forma parte de él. En cambio, el ejecutivo deja muchas veces de lado su persona cuando se relaciona en la empresa, incluso hay gente que fuera de ésta (con sus amigos y familiares) es totalmente diferente. Establece una distancia entre su yo profesional y su yo persona. El ejecutivo lleva consigo esa distancia que el actor no puede permitirse y, en ocasiones, lo hace permanentemente. Para él, la consecuencia puede ser una falta de armonía interior y un estado de tensión emocional negativa.

Y ahí es donde el teatro puede ayudar al ejecutivo. El teatro, como forma de comunicación basada en las emociones, permitirá al no actor explorar sus capacidades de comunicación, desarrollarlas, y a cada uno, desde su situación, ir más allá en la conexión con su yo comunicativo y expresivo. En definitiva, el teatro tiene un efecto positivo sobre la tensión emocional de cada uno.

En el «escenario» que me ofrece Esade imparto clases de *comunicación emocional basada en técnicas teatrales*.

A través de ejercicios con los que los actores preparan sus papeles, ayudo a todo aquel que debe comunicar algo. Da igual que se trate de una reunión con 2, 10 o 50 personas, de una presentación ante los socios de una empresa o ante la red de ventas, de una entrevista de trabajo, de una cena con los suegros a los que se enseña la nueva casa o la reunión de una comunidad de vecinos. En mis clases adapto las prácticas teatrales al mundo empresarial, poniendo ejemplos de situaciones que son cercanas a los directivos, fruto de mi experiencia y de la experiencia de los propios participantes.

Una compañera del trabajo, psicóloga, definió mis clases como una forma de terapia de grupo. Probablemente sea así, aunque mi intención inicial no era ésa. Esta matización acerca de que mis clases entran en el terreno psicológico es importante para establecer la diferencia entre hablar en público y aplicar el teatro a la comunicación. Creo que lo primero está incluido en lo segundo. El teatro abarca el mundo de las emociones, propias y ajenas, tiene en cuenta toda la capacidad expresiva del emisor y las reacciones de los receptores. Todo ello son aspectos trasladables al mundo de la empresa y va más allá de la oratoria, es decir, de la técnica de hablar en público. Si deseamos provocar en los espectadores una reacción y que nuestro mensaje no deje indiferente, debemos «envolvernos» del mensaje, la escena y el resto de participantes. Así conseguiremos despertar emociones en nosotros mismos y en el público.

Mi dualidad actriz/ejecutiva me lleva a comunicarme a veces desde la emoción y otras veces, desde la razón. En ocasiones me he dejado conducir en exceso por la emoción del momento y ello ha condicionado mi comunicación. Pero en cada actuación, en cada presentación ante un consejo, en cada plan de marketing, en cada reunión con mis colaboradores, he aportado algo como comunicadora de la actriz que llevo dentro. Y tengo claro que cuando he comunicado algo en el escenario de la vida, si yo estaba convencida, si me lo creía y me metía en el papel, tenía mucho ganado para convencer a los demás, para hacerles llegar mi mensaje.

Las técnicas que desarrollo a continuación son tan útiles dentro como fuera de la empresa. Son aplicables a ejecutivos, secretarios, estudiantes, amas de casa, comerciantes, enfermeros, etc..., a todo el mundo. Las ocasiones de comunicación son innumerables fuera de las horas de despacho: cena con amigos, entrevista con el profesor de mi hijo en el colegio, viajes, clases nocturnas de cerámica, tai-chi o italiano, etc... En todas ellas entra en juego mi persona, lo que quiero decir, cómo lo voy a decir, en qué circunstancias y quién me va a escuchar. Son situaciones asimilables a una escena teatral y, por tanto, en ellas las herramientas de la interpretación pueden ser de ayuda para mejorar la comunicación, para reducir la tensión emocional negativa, para estar más a gusto.

No perdamos más tiempo. Les invito a compartir los trucos de los actores. Vamos a iniciar el viaje. Denme la mano y abran sus mentes, ¡el espectáculo va a empezar!

1

La teatralidad de la empresa

«El mundo es un escenario,
y todos los hombres y mujeres son meros actores.»

WILLIAM SHAKESPEARE
poeta y dramaturgo inglés, 1564-1616

Decía una profesora de la escuela de Juan Carlos Corazza, en la que realicé un seminario de teatro, que si uno no se expresa se muere. No se refería a una muerte física, más bien a una agonía mental. Creo que tenía razón. Aquel que no se comunica, que no expresa sus sentimientos, sus pensamientos, no puede realizarse plenamente como persona.

El teatro es una forma de comunicación cuya razón de ser es la expresión de emociones. Hay muchos elementos de esta disciplina que se pueden aprovechar en nuestras relaciones dentro de la empresa y, por ende, en nuestra vida cotidiana. Para poder efectuar la traslación del teatro a la empresa debemos primero establecer el paralelismo entre dos mundos aparentemente tan alejados.

SOMOS ACTORES EN EL ESCENARIO DE LA EMPRESA... Y EN EL ESCENARIO DE LA VIDA

A menudo hago referencia al «**escenario**», al «**público**» y al «**actor**». Cualquier acto de comunicación puede acotarse en escenas. Una escena se desarrolla en un escenario, donde uno, dos o varios interlocutores se comunican —los actores— y, en ocasiones, lo hacen ante un grupo de personas que escuchan, el público. Desde el momento en que una persona al cruzar la puerta de un despacho, un banco o una tienda se encuentra con otra e intercambia unas palabras, se crea una escena, y el lugar donde se comunican es el escenario. Esas dos personas son actores. Si hay más gente escuchando, ya tenemos un público. En principio, el público tiene como misión escuchar y observar, aunque este papel aparentemente pasivo también enriquece y condiciona el devenir de la comunicación.

Puede ocurrir que un mismo personaje sea en un momento dado **actor** y en otro, espectador. En una ocasión, una compañía aérea nos tuvo encerrados en un avión en el aeropuerto de Barcelona, sin despegar, por espacio de una hora sin que mediara explicación. Cuando finalmente la azafata se decidió a comunicarnos las razones del retraso, hubo dos pasajeros que se pusieron en pie y empezaron a protestar por el trato recibido. El escenario en este caso era el pasillo central del avión, donde se había colocado la azafata, y los asientos a ambos lados del mismo. Ella era la actriz principal (había otras azafatas —actrices secundarias— detrás de ella que la ayudaron a defenderse cuando la conversación subió de tono) y debía transmitirnos un monólogo. Los pasajeros éramos el público, pero hubo dos espectadores que decidieron saltar a escena. Se convirtieron, pues, en actores. Y no les cuento cómo acabó aquello...

En una reunión de empresa, una entrevista o una conversación puede haber escenas sin público, con dos o tres actores, y puede que uno de ellos mantenga un monólogo con los otros. Pero no por eso los otros actores dejan de serlo, pues aunque sólo escuchen también actúan. Y pueden transmitir mucho dependiendo de la actitud que adopten al escuchar. Para los que tengan hijos, seguro que alguna vez han tenido que escuchar a la salida del colegio a una madre o a un padre orgullosos de su hijo. Es una escena clásica: acaban de entregar las notas y el papá o la mamá de turno nos cogen por banda para contarnos las maravillas de su pequeñín. Y nosotros ahí, aguantando el temporal, con las notas del nuestro en la mano, que no son como para echar cohetes. En estos casos podemos hacer dos cosas: a) escuchar con interés y aguantar la lista de virtudes del compañero de nuestro hijo o b) transmitir sutil pero claramente mientras se escucha que se nos escapa el tren o se nos quema un bizcocho, es decir, que queremos hacer mutis y por el foro. Podemos, pues, escuchar de muchas maneras, aunque el interlocutor no nos deje abrir boca.

Entender quién es actor en una comunicación es sencillo. Pero muchas veces no prestamos tanta atención al público o al escenario. Es importante respetar al público y no conviene subestimar el escenario.

Las formas más frecuentes de **público** en una empresa

se dan en las presentaciones. Por lo general, el público o el conjunto de espectadores tienen un lugar delimitado previamente para sentarse y una posición que les permitirá ver y oír con facilidad lo que los actores —los miembros de la empresa que presentan los objetivos de ventas, un nuevo lanzamiento, los resultados de un estudio de mercado, la estrategia de la compañía, etc.— van a comunicar. En una escuela de negocios, el público son los participantes de un máster, y el actor o actores son los profesores que imparten las materias. Asimismo, puede haber alumnos que destaquen por sus intervenciones en clase. Entonces dejan de ser público y se convierten en actores.

Los **escenarios** en la vida real suelen ser de lo más variados. En principio el escenario es aquel espacio en el que se produce la comunicación. En una presentación del plan de marketing por parte de los *brand managers* para la fuerza de ventas el escenario puede ser la sala de juntas de la empresa o un salón de actos de un hotel alquilado para la ocasión. Para una clase de finanzas corporativas en una escuela de negocios sería el aula en la que se imparte. En este caso, en la escenificación participan todos los elementos del aula, es decir, ésta en su totalidad, desde el estrado y la pizarra hasta la zona de pupitres. La típica reunión informal entre el jefe de un departamento y sus colaboradores ante la máquina del café transcurre en un escenario formado por la máquina, los taburetes y la mesa alta, el armario con los recambios de café y las pastas de té, la papelera, la estantería con las tazas y los platos, etc. Todo ello son elementos escénicos, que deben tenerse en cuenta y utilizarse en aras de una comunicación más efectiva. Por insignificantes que nos parezcan, en un momento dado un taburete o una taza de café nos pueden servir de apoyo para expresar algo.

He aquí un ejemplo de escenario logrado. Durante mi etapa como directora de marketing en Coty Lancaster, en París, tenía relación con un grupo de psicólogos que nos ayudaba en los estudios cualitativos. Cada año realizaban un análisis de las consumidoras de fragancias, agrupándolas en *clusters*[1] según un filtro de preguntas muy poco convencional. El objetivo era situar a las potenciales consumidoras en un mapa con dos ejes, uno que mostraba el grado de resistencia al cambio y el otro, el grado de espiritualidad. Ciertamente estos magníficos psicólogos eran muy perspicaces y avispados en su percepción del universo femenino. Pero no sólo nos deslumbraban por eso, también tenían una auténtica conciencia de la puesta en escena en cada una de sus presentaciones. Los jefes del grupo, Marie y Jean, eran una fantástica pareja *bo-bo* (*bohemian-bourgois*).[2] Eran también pareja senti-

1. *Cluster*: En marketing, agrupación de consumidores con características similares atendiendo a una serie de criterios.

2. Término para designar a una nueva clase de intelectuales descrita en el libro *Bobos en el paraíso*, de David Brooks. Vicente Verdú, en la edición española del libro, los define así: «Tras la era de los *yuppies* llega el reinado de los *bobos*, nueva élite de la era de la información. (...) Colectivo criado en la prosperidad y provisto de una selecta formación, que trata de conjugar el mundo de la bohemia creativa con el mundo burgués en el que imperan la ambición y el éxito material (...) dispuestos a reformar la sociedad a través de la cultura y no mediante la política, representan una original combinación entre los *hippies* de los sesenta y los *yuppies* de los ochenta».

mental, tenían más de 50 años y vivían en una espléndida buhardilla en Neuilly sur Senne, en los alrededores de París, decorada con gusto, pero sin excentricidades ni grandes lujos. Eran cultos, poco deportistas, amantes de lo ecológico, vegetarianos y *aparentemente* sencillos, pues vestían ropa de diseño y se preocupaban de no llevar marcas fácilmente identificables. Y, por encima de todo, eran grandes vendedores, siempre atentos a la facturación al cliente. A veces nos citaban en su despacho, pero no siempre. Me percaté de que para los encuentros que prometían discusión, por ejemplo, porque no habíamos quedado contentos con sus conclusiones de unos *focus groups* sobre el *storyboard* de la nueva campaña de una importante fragancia, preferían citarnos en su casa. El lugar respiraba encanto parisino, olía a incienso; Marie nos recibía con un quimono y un gran collar de cuentas chino, nos sentábamos a una mesa baja y nos ofrecían para merendar unos fresones enormes y un té preparado por Jean con una mezcla de distintas hierbas. Los grandes ventanales del salón estaban abiertos, no había cortinas, y desde el cristal se vislumbraban los árboles centenarios del parque vecino. Desde luego eran grandes entendedores de la mente humana, pero, además, su escenografía ayudaba. Sentada en la *chaise longue* de su buhardilla cualquier mensaje resultaba más atractivo.

Hay escenas en las que es fácil identificar al público. En cualquier presentación ante un grupo numeroso de personas en la que se haya una cierta distancia física (una tarima, un escenario...) entre emisores y receptores, estos últimos son público. Pero también podemos encontrarnos en un escenario más reducido. En el caso de las reuniones con Jean y Marie, se podría dividir la reunión en dos partes. Cuando desplegaban sus encantos para vendernos su propuesta, ellos eran los actores y mi colaborador y una servidora su público. Yo lo sentía así, pues me sentaba cómodamente dispuesta a que su mensaje me penetrara. Me apetecía escucharles, sabían mimarnos como público privilegiado que éramos. Después, cuando dábamos nuestra opinión sobre el trabajo que habían realizado, mi colaborador y yo entrábamos en escena como actores, aunque ante el cúmulo de atenciones estábamos predispuestos a llegar a un acuerdo.

Tanto en la empresa como en la vida real hay distintas clases de público y distintas clases de escenarios, que conforman escenas diferentes. Todas ellas son equiparables a escenificaciones teatrales y, por tanto, pueden ser analizadas como actos de teatro. Pero hay algo que distingue a los «actores» de la empresa y de la vida de aquellos que ejercen la profesión de actores. Los primeros, los no actores, no saben que están actuando, no saben que sus actos de comunicación son semejantes a representaciones teatrales, mientras los actores profesionales son conscientes de que se sirven del lenguaje de los sentimientos, de las emociones, para expresar algo a un público. Los no actores ignoran que también hacen teatro sin quererlo.

Dado este paralelismo, podemos efectuar la traslación del teatro a la empresa, o del teatro a la vida, y disfrutar de la experiencia de la interpretación y de sus enseñanzas.

Como diría Augusto Boal, creador del «Teatro del Oprimido»,[3] todos los seres humanos somos actores, porque actuamos, y espectadores, porque observamos. Boal dijo: «todos somos *espect-actores*».

SER ACTOR NO ES ENGAÑAR

Antes de continuar quisiera hacer una aclaración sobre un tópico recurrente cuando se habla de actuar. Me refiero a una expresión, «hacer teatro», con connotaciones negativas. Es algo que oímos con frecuencia: quien hace teatro es falso. Asimilamos ser teatrero a ser hipócrita. Se da por sentado que quien actúa oculta sus sentimientos, un razonamiento no exento de cierta lógica, pues los actores interpretan personajes y, en muchos casos, éstos se hallan muy alejados de sus personalidades.

La actriz que interpreta doña Inés probablemente en la vida real no es monja, virgen ni está perdidamente enamorada del actor que interpreta a don Juan. Pero para preparar ese papel tiene que partir de su experiencia, tiene que conocerse y saber qué hay dentro de ella que la pueda ayudar a personificar a doña Inés. Si se limita a «interpretar» y mantiene una distancia entre ella y el personaje, su actuación sonará falsa, y el público lo notará. Se-

3. Teatro del Oprimido: Creado por Augusto Boal, director y profesor de teatro brasileño. Es una experiencia escénica con grupos de no actores, gente de barrios pobres, sindicatos e iglesias que utilizan el teatro no para entender los personajes, sino para analizar sus problemas e intentar encontrar sus propias soluciones.

guro que en alguna ocasión, al salir del teatro, el lector ha comentado: «¡Qué mal actor, Fulanito! No me lo he creído ni por un momento.» A eso me refiero, al *momento de la verdad* ante el público, en el que el actor debe mostrar algo de sí mismo si quiere convencer, si quiere que su actuación sea creíble.

Sidney Lumet, en su libro *Así se hacen las películas*, dice que le gustan los actores porque son valientes. Lumet explica:

> *«Todo trabajo bien hecho requiere auto-revelación. El músico comunica sentimientos a través del instrumento que toca y un bailarín con el movimiento de su cuerpo. El instrumento del actor es él mismo. Son sus sentimientos, su rostro, su sexualidad, sus lágrimas, su risa, su ira, su romanticismo, su ternura, sus vicios, que son aupados a la pantalla para que todo el mundo los vea».*

Yo también creo que los actores son valientes. Por eso defiendo que quien hace teatro no es falso, sino más bien lo contrario, necesita ser sincero para convencer, para emocionar. Deseo plasmar en estas páginas la voluntad de trabajar las técnicas que propongo desde la verdad. No se trata de aprender a fingir, sino de aprovechar nuestras capacidades, explorarlas y llevarlas más lejos, tanto como queramos, pero desde nuestra personalidad. Es necesario sentirse cómodo para comunicar, y el mejor punto de partida es uno mismo. Además, el público siente cuándo alguien es sincero y agradece la honestidad.

LA METAMORFOSIS DEL NO ACTOR

La lectura de este libro debe ayudarnos a centrarnos en aquellos aspectos de nuestra comunicación que deseemos mejorar, modificar o sobre los que queramos profundizar.

Apuntemos en un papel o simplemente intentemos recordar cuáles son los aspectos de mi yo comunicador con los que estoy menos conforme, aquellos que me gustaría mejorar o bien aquellos que nunca he tratado y desearía explorar. Tal vez mi cuerpo, mi voz, mi actitud, la expresión de mi rostro... Son muchos los frentes a trabajar, así que empecemos por uno y reflexionemos sobre nuestras carencias en términos de comunicación. A este respecto, algunas de las cosas que oigo a menudo son: «Me pongo nervioso en cuanto sé que tengo que hablar en público», «Empiezo a sudar, no me controlo», «No sé qué hacer con las manos», «Me cuesta mucho mirar a mis interlocutores a los ojos, evito la mirada», «Me repito, no sé cómo sintetizar, siempre me alargo más de la cuenta», «Soy muy frío, me gustaría ser más emotivo, que mis colaboradores me vieran más cercano», «Quiero aprender a disimular más, se me ve demasiado el plumero cuando algo no me gusta».

Sería interesante, pasado un tiempo, comprobar si este libro nos ha ayudado en la dirección que queríamos trabajar. Quizá descubramos que nos convenía trabajar otros aspectos, porque lo necesitábamos más, o nos congratulemos porque poner al descubierto nuestros problemas iniciales nos ha ayudado a centrar la lectura en resolverlos. En cualquier caso, es aconsejable apuntar al principio y comparar después, es un buen medidor del grado de utilidad de estas líneas. Mi objetivo más sincero es que estas páginas tengan un valor de ejecución inmediata.

Podríamos definir este libro como un compañero de viaje en un proceso de transformación, en una metamorfosis del no actor sin experiencia en el mundo del teatro en alguien más seguro, intuitivo y emotivo en su modo de comunicar, en alguien que se beneficie de las herramientas del actor para dominar la escena. Los frentes a trabajar para conseguirlo son:

- **Transmitir, comunicar**, tanto mediante el lenguaje verbal como el lenguaje corporal (gestual, facial, postural).
- **Escuchar al otro** y aprender a escuchar activamente.
- **La flexibilidad, la capacidad de adaptación** a situaciones nuevas. Escuchar al interlocutor obliga a ser flexible, a buscar nuevas salidas a la escena, a adaptarse y modificar el propio mensaje en función de lo que el otro aporta.

A partir del desarrollo del sentido de la escucha y la adaptación a situaciones nuevas, podemos llegar a **intuir los deseos del otro.** Se trata de estar atento a sus cambios de humor, percibir el efecto que nuestro discurso tiene en él. No es sólo interesarnos por sus sentimientos, sino también porque éstos nos conciernan; en una palabra, se trata de crear **empatía.**

- **Desarrollar la imaginación**, dejarla volar. La imaginación es como un músculo y, como la memoria, es suficiente ejercitarla para que acuda a nuestra mente.

Estos frentes, estas herramientas necesarias para el actor, tienen como objetivo mejorar las habilidades de comunicación y provocar una reacción en el público, una emoción. ¡De eso se trata! De mejorar carencias o potenciar destrezas inhibidas por tareas profesionales cada vez más especializadas, cada vez más técnicas. En el siglo XXI las personas y sus conflictos emocionales pasan por delante de los problemas de origen mecánico o de ingeniería empresarial. La llave para entender esos conflictos de emociones es la comunicación, sin duda, en todas sus facetas.

REGLAS DE ORO

- Existe un paralelismo entre el teatro y cualquier acto de comunicación. Un acto de comunicación es una «escena», se desarrolla en un «escenario», donde varios interlocutores se comunican —«los actores»— y puede haber gente escuchando —«el público»—. En ocasiones habrá un mensaje pre-establecido —«el texto»— y en otras se tratará de una improvisación.
- El instrumento del actor es él mismo, cada actuación es una auto-revelación, puesto que el actor trabaja con su personalidad. Si intenta esconderse, el público lo nota, siente que «no hay verdad» en su actuación. Por eso el actor debe ser valiente y sincero en escena.
- Las técnicas teatrales permiten a los no actores trabajar el lenguaje verbal y gestual, escuchar al otro, incluso intuir sus deseos y adaptar su mensaje en consecuencia para empatizar, y desarrollar la imaginación. Y así ayudarles a desarrollar sus capacidades comunicativas desde la emoción.

2

Aprendiendo a actuar. La improvisación

«La improvisación es la piedra de toque del ingenio.»

JEAN BATISTE POQUELIN, MOLIÈRE
dramaturgo, escritor y actor francés, 1622-1673

De los tres años de estudios en la escuela de arte dramático de Nancy Tuñón, durante los dos primeros no se toca ni un texto. Nancy sostiene que los aprendices de actor no están preparados para las palabras, y podrían destrozarlas. El objetivo es trabajar, desarrollar acciones hasta *llegar a la palabra*. Y dedicas dos años a improvisar. Improvisar y sacar, buscar en tu interior, evocar, jugar, probar nuevas formas de expresarte, nuevas posibilidades.

Hay muchos modos de formarse como actor. Yo he trabajado siempre con la improvisación como base para relajarme y soltarme y, a partir de ahí, preparar un determinado papel. La improvisación es una fuente de desarrollo de las habilidades de comunicación. Es una técnica fácil de aplicar, con la que se obtienen resultados creativos y sorprendentes en poco tiempo. Para improvisar se parte de unas premisas iniciales, un dibujo a grandes trazos de los personajes y la situación a partir del cual los actores se dejan llevar. Mediante la improvisación se trabajan tres frentes muy importantes para el actor y para todo comunicador:

1. Desarrollar la imaginación. La improvisación es una técnica muy viva, muy fresca, que permite arriesgar, liberarse de la propia personalidad y adquirir otras formas de vivir (aunque sólo sea en escena), más insensatas, más extremadas, más coloristas. Así damos rienda suelta a nuestras fantasías e imaginamos. En términos de empresa esto es interesante, por ejemplo, para las agencias de publicidad, para todo aquel que esté en mercados cambiantes y quiera buscar nuevos modos de gestionar la empresa o de relacionarse con sus colaboradores. Sistematizar los resultados de un ejercicio de liberación de la imaginación, como en el *brainstorming*, es la semilla de la innovación.

2. Asumir otros papeles distintos a nuestro modo de ser cotidiano. Una vez asumido que soy otro o, mejor dicho, que voy a jugar a ser otro, puedo hacer y decir cosas que normalmente no haría. Porque yo no soy sólo de una manera, hay muchos «yos» colgados en el armario. Algunos los uso poco y, de repente, en el curso de una improvisación, puedo descubrir que me gusta mi yo más autoritario o mi yo más dócil. Y tal vez decida probarlo fuera del escenario. Son los llamados **juegos de rol**, también de utilidad en el entorno empresarial.

3. Ejercitar la capacidad de adaptarnos, de ser **flexibles** ante los cambios que se producen en la escena. Esto es de rápida aplicación en la vida real, pues aunque yo entre en una reunión o presentación con el esquema claro de qué quiero decir y cómo lo quiero decir, en muchas ocasiones me veré forzado a modificarlo. Ejercitarme en improvisar supone ejercitarme en la flexibilidad, en escuchar al otro activamente, predispuesto a cambiar si es necesario.

Las improvisaciones suelen trabajarse en tríos, por parejas o individualmente, y puede haber otras personas que ejerzan de público. Se propone una situación de entrada, por ejemplo: «Tenemos en escena dos actores, A y B. El actor A está en su último día de trabajo, le han echado y está recogiendo sus cosas. El actor B lo sustituye, es su primer día en la empresa y llega al despacho de A. B necesita algo de A (un *password*, un informe...) antes de que deje la empresa».

Con esta breve premisa entran dos actores en escena e improvisan. Actúan un rato y después se analiza lo sucedido entre todos, los actores A y B, pero también con los demás, que desde su escucha activa pueden aportar mucho y al mismo tiempo aprender.

En términos de empresa, las improvisaciones pueden plantearse para fomentar la creatividad, para anticipar situaciones conflictivas, para materializar o vislumbrar los efectos de una nueva política... Veamos algunos ejemplos de las tres funciones de la improvisación:

FOMENTAR LA IMAGINACIÓN

Una Pyme, «Gómez y hermanos», fabricante de textiles para el hogar, se reúne con el ejecutivo de cuentas de su agencia de publicidad para transmitirle su preocupación ante el descenso de las ventas de mantelerías. El cliente lo achaca a los cambios de hábitos de consumo: el sentido práctico de la vida moderna y las nuevas tendencias de diseño hacen que la gente tienda a usar manteles individuales o bien prefiera materiales sintéticos. El citado ejecutivo convoca una reunión de *brainstorming* con su ayudante y el equipo creativo para pensar en alternativas para «Gómez y hermanos». Se puede plantear una improvisación, previa a la sesión de *brainstorming*. Se tratará de un almuerzo organizado en la agencia, con dos mesas entre las cuales se reparte el equipo. Comerán el mismo menú, pero unos lo harán en una mesa con mantel de tela y los otros con individuales de plástico. Todos deben comportarse como si estuvieran en su casa, es decir, improvisan un «almuerzo entre amigos». Es un modo creativo de analizar el problema del cliente. El equipo pasará por todo el proceso de utilización del producto: poner la mesa, comer y recogerla. De este modo, cuando una vez finalizado el almuerzo se reúnan para comentar qué soluciones dar al cliente, tendrán una mayor información «vivencial» sobre el producto y su sustituto, y sobre todas las variables de utilización de los mismos, con sus pros y contras (el mantel hay que lavarlo y plancharlo; en los individuales no caben holgadamente todos los utensilios necesarios para comer; la sensación del tejido es más cálida que la del plástico; el mantel implica normalmente consumo en grupo, pero mucha gente come sola, etc.). El objetivo de la improvisación es estimular la creatividad y conseguir una reunión de *brainstorming* más eficaz.

JUEGOS DE ROL

Pueden ponerse en práctica mediante un moderador o sin él. Cuando doy clases yo misma ejerzo de moderadora, pero muchas veces son los propios participantes, tanto los que observan como los que actúan, los que juzgan y evalúan lo ocurrido en escena. Los primeros minutos de un juego de rol son los más importantes para entrar en una dinámica constructiva y no conflictiva. Éste es el momento de máxima aportación del moderador. Con o sin él, la improvisación puede ser muy útil a los profesionales que la realizan. Cuando se plantea en una empresa, la obtención de los mejores resultados dependerá del grado de confianza entre los empleados y de la dinámica de grupo que se genere en cada compañía. Si se trata de una reunión entre los miembros de un mismo departamento, empezar con un juego de roles puede ayudar a desbloquear una situación o liberar la imaginación.

Pero también un emisor puede plantearse un juego de rol para «caldear el ambiente» en una ponencia, ante un público numeroso y desconocido. He aquí un ejemplo de una improvisación realizada para desarrollar la imaginación del público mediante un juego de rol. Me la contó un amigo psiquiatra que acudió a un congreso sobre «Psicología y sida». El conferenciante era estadounidense y había reunidas unas

200 personas, entre psiquiatras y psicólogos. Empezó diciendo: «Por favor, cierren todos los ojos. Imaginen que tienen junto a ustedes a una mujer o a un hombre fascinante, muy atractivo. Por ejemplo, Georges Clooney, las mujeres, y Angelina Jolie, los hombres. Les gusta mucho. La persona empieza a insinuarse, charlan un rato y se sienten realmente atraídos por ella o él. De repente están en su casa. Bailan un lento, la música es suave, las luces son tenues, están rodeados de velas y solos en una habitación muy cálida. Se tumban en el sofá, él o ella empieza a desnudarse, están realmente muy excitados. Se abrazan, se besan con pasión... ¡Stop! ¡Abran los ojos!» Ante lo cual los asistentes salieron de su ensueño y miraron al ponente sorprendidos. Él les instigó: «¡Que levante el dedo quien haya pensado en coger un preservativo!» Fue un modo muy efectivo de:

- Conseguir que 200 personas se concentraran rápidamente.
- Conseguir que el público imaginara una situación real y cercana que podía acarrear el riesgo de contagiarse del sida y se planteara el dilema de protección *versus* gozo.

DESARROLLAR LA FLEXIBILIDAD, LA CAPACIDAD DE ADAPTACIÓN

Otro ejemplo: Un equipo de ventas tiene que abordar a un nuevo cliente. Se trata de un mayorista de alimentación especialmente importante en el mercado, con unas técnicas de *merchandising* muy sofisticadas, que el equipo de vendedores no domina del todo. La reunión debe prepararse a conciencia, analizando datos de mercado, cuotas de participación de los distintos productos, su presencia en el lineal del distribuidor, etc... En este caso se plantea una improvisación, no como sustitutivo de esa labor de análisis previa, sino como complemento para redondear la preparación. Antes de la cita con el comprador, el vendedor que va a afrontar esa entrevista se ejercita mediante una pequeña escena en la que otro vendedor asume el papel de comprador. Mientras improvisa, el vendedor puede caer en la cuenta de que necesita datos que no ha previsto o del tiempo necesario para exponer sus argumentos... todos ellos puntos importantes para aumentar su confianza y afrontar la entrevista con éxito.

La clave para que estas escenas de empresa funcionen es que los «actores» se lo tomen en serio, como si se tratara de la auténtica reunión. No deben escatimar esfuerzos, porque de lo contrario la escenificación no será útil. Es un juego, puesto que aunque cometan errores no hay riesgo de perder al mayorista como cliente. Pero ellos deben comportarse como si fuera real, para entender qué les falta, qué cojea en su mensaje... o, simplemente, congratularse de lo bien preparados que están. Cuanto más «de verdad» lo hagan, más les servirá después en la situación real, pues podrán repetir aquellos comportamientos que, a juicio de los actores y de los observadores de la improvisación, se consideren exitosos y estimular su imaginación a nuevos modos de afrontar la relación con el cliente.

IMPROVISAR PARA INNOVAR

En la empresa cada vez es más necesario romper los esquemas clásicos de interpretación de los datos de mercado, las tendencias de los consumidores, los indicadores de evolución de la economía... Desde hace años, los directivos buscan nuevos modos de afrontar mercados cada vez más cambiantes y maduros, en los que el ciclo de vida de los productos se acorta. Ante esta situación han surgido propuestas de pensamiento innovadoras, como el renombrado «Pensamiento lateral» de Edward de Bono, o la «*Disruption*»[4] de Dru, metodologías que, partiendo de convenciones establecidas, las cuestionaban y proponían ideas o estrategias que suponían una ruptura con lo anterior.

O, más recientemente, el marketing lateral ideado por Philip Kotler y Fernando Trías de Bes. Es un proceso de trabajo que busca crear nuevas categorías de productos o nuevos mercados. En el libro de Kotler y Trías de Bes se describen los tres pasos del proceso:

1. Buscar un foco o problema a solucionar. Por ejemplo: flor.

4. Ensayo escrito por el publicista francés Jean-Marie Dru en 1997 a partir de las experiencias de una red de agencias de publicidad y basado en el libro «*Disruption: Overturning conventions and shaking up the marketplace*», de John Wiley publicado el año anterior. En palabras del autor «La ***Disruption*** es un agente de cambio, es un sistema para aquellos que no aman los sistemas».

2. Realizar un desplazamiento lateral, es decir, una interrupción en una secuencia de pensamiento lógica. Por ejemplo, ante el hecho «las flores mueren», consistiría en afirmar o introducir la hipótesis «las flores no mueren».
3. Conectar dos elementos inconexos: «flor» y «nunca muere». Ésa es la fuente de creatividad, hallar el vínculo entre esos dos elementos. Ese vínculo podría ser: «flor artificial».

Ellos lo llaman «desplazamiento lateral», mediante el cual se obtendría una nueva categoría de producto, flor artificial. Este proceso es aplicable tanto a mercados, productos o servicios como a otros elementos del *marketing mix*. Se trata de un proceso de pensamiento que puede efectuarse individualmente o en grupo, a diferencia del *brainstorming*, que es siempre en grupo.

En este caso la improvisación puede ser muy útil para fomentar la creatividad y dar un mayor espacio a los estímulos. Los profesionales que aplican el marketing lateral suelen hacerlo sentados en su despacho, con papel y lápiz. La improvisación teatral propone pasar a la acción. En vez de *pensar* en un nuevo producto o un nuevo servicio, *vivirlo*. Interpretar aquellas situaciones en las que se consumiría el producto o servicio. El libro de Kotler y Trías de Bes plantea muchos casos de *desplazamientos laterales*, algunos ejemplos podrían ser:

- Las palomitas se consumen en los cines. ¿Podría haber palomitas en las discotecas?

- El día de san Valentín los enamorados se regalan rosas. ¿Podrían regalarse otra cosa, por ejemplo, limones?

Para cada desplazamiento podemos plantearnos una improvisación para indagar en las posibilidades de estas innovaciones. Lo pueden escenificar los propios consultores o reunir a terceros —gente de la calle, amigos— para interpretar las siguientes escenas:

- Dos amigos están en una discoteca. Para preparar la escena, poner música de fondo, bajar la luz y disponer una mesa con un bol lleno de palomitas. Los amigos bailan un poco y después se sientan. Entablan una conversación.
- Salen a escena un chico y una chica, son novios. Es el día de san Valentín. En un cierto momento, él saca de un cajón su regalo: es una caja con limones. Ella reaccionará como le parezca.

El hecho de *actuar* acerca de esa posible innovación facilita meterse más verazmente en la piel de los que deberían consumir ese nuevo producto o servicio y entender mejor la reacción del futuro consumidor. Conocer lo que esa innovación le provoca. Eso permite contemplar un abanico de posibilidades más amplio que si sólo *se teoriza* sobre el nuevo producto.

¿ES MEJOR IMPROVISAR O MEMORIZAR?

«Las improvisaciones son mejores cuando se las prepara.»

WILLIAM SHAKESPEARE
poeta y dramaturgo inglés, 1564–1616

Cuando se habla de actuar, a menudo se plantea la disyuntiva entre la interpretación del actor natural, que transmite frescor porque improvisa, y la del actor que se sabe su papel al «dedillo» y da sensación de encorsetamiento, de poca naturalidad. ¿Cuál obtiene el favor del público? Parecen dos modos opuestos de afrontar la interpretación. Surge, pues, la contradicción entre la improvisación y la constatación de que para actuar hay que memorizar un texto, al que debe ceñirse el actor, y ensayarlo repetidamente antes de representarlo en escena. Sin embargo, se trata de una contradicción aparente. En todo acto escénico hay algo de preparación y algo de frescura, de imprevisible. La proporción podría ser tres cuartas partes de preparación y el resto, de improvisación. Pero hay otras recetas igualmente buenas. Es decir, en teatro, como en toda comunicación empresarial, hace falta conocer y respetar unas reglas, tanto en el aspecto técnico como de texto.

Algunos ejemplos técnicos serían: no dar la espalda al público; hablar siempre de frente, de perfil o con un sesgo no superior a los tres cuartos; si se debe mover un brazo, es preferible que sea el que está hacia el interior del escenario. Son pequeños trucos que el actor interioriza fácilmente. En la vida real, cada contexto tiene sus propias reglas. Cada compañía tiene un código de conducta, a veces no formal, pues son reglas que no constan en ningún documento, pero que todos los que trabajan allí conocen.

Una amiga que trabaja en TDK en Luxemburgo, donde la mayoría de empleados eran japoneses, me contó algo sobre la cultura de su empresa. Lo primero que aprendió era que, en una reunión, no podía pedir la palabra, debía esperar a que le fuera concedida. Es clave conocer las reglas de cada cultura. Si haces un regalo a un chino, no lo abrirá delante de ti. Nunca lo hacen. Dan las gracias y lo guardan, ya lo abrirán en su casa. Si uno desconoce esta regla, puede ofenderse y dificultar la comunicación (una negociación, un acto protocolario...). Hay empresas en las que irse antes de las siete de la tarde está mal visto, forma parte del código laboral implícito. En cambio, hay otras en las que nunca se convoca una reunión más tarde de las seis. No es algo pactado, pero por costumbre, las reuniones empiezan antes de esa hora.

Respecto al texto, es fundamental memorizarlo y ensayar mucho. Siempre que se deba comunicar algo hay que prepararlo. Cuanto mejor nos lo sepamos, más natural nos saldrá el mensaje, menos concentrados estaremos en el texto y, por tanto, más pendientes del público. David Mamet, en su libro *True and False*, ironiza sobre el trabajo del actor. Dice Mamet que el músico debe tocar su instrumento horas y horas para convertirse en virtuoso; que el escultor necesita modelar, diseñar, practicar, romper muchas piezas, hasta llegar a expresar lo que desea; así como el pintor tirará muchos bocetos antes de llegar a crear el lienzo de su agrado. Y añade irónicamente: «¿Por qué los actores, en vez de ensayar y trabajar su técnica, se dedican a reunirse en cafés para quejarse de que el teléfono no suena?» Entiendo que es una broma, pues los buenos actores se preparan, y mucho. Mamet quiere subrayar que todo arte requiere mucho trabajo, y que cualquier técnica puede mejorarse, interiorizarse, trabajando.

En política hay muchos ejemplos de una correcta combinación entre preparación e improvisación. En una ocasión acudí en el Teatro Real al acto anual de EGEDA.[5] Ofrecían un concierto, seguido de un cóctel, con los consabidos discursos previos del presidente de la asociación y de la ministra de Cultura. No voy a entrar en consideraciones políticas, ni en el contenido de su discurso, pero me fascinó Carmen Calvo como oradora. Estuvo hablando durante 20 minutos sin mirar en ningún momento al atril, pausada y relajadamente, con términos coloquiales elegidos con esmero, y no hubo ni un titubeo ni una muletilla ni un adjetivo repetido o fuera de lugar. Eso era imposible que fuera espontáneo, pero sonaba como tal. Me hubiera gustado preguntarle cuánto tiempo lo ensayó y quién era su entrenador personal. Puedo apostar que tiene un profesional a su lado que la ayuda en este campo. Y los resultados son impresionantes.

En cualquier caso, ese conjunto de reglas de texto y técnicas no bastan para dominar la comunicación. Lo imprevisible forma parte de la vida y cuando uno se expresa

5. EGEDA: Entidad de Gestión de Derechos de los Productores Audiovisuales.

debe aceptarlo como un elemento más de la comunicación, y conseguir que el imprevisto juegue a su favor. Hay que tener la capacidad de reacción suficiente para aprovechar los elementos fortuitos y que sumen. Para eso es necesario dominar el entorno, el mensaje y las palabras. Para transgredir las reglas primero hay que conocerlas.

Vittorio Gassman, grandísimo actor y director, actuó en una ocasión en el Mercat de les Flors de Barcelona con la obra *Affabulazione*, de Pasolini. Compartía escenario con su propio hijo, e interpretaban la relación entre un padre y un hijo. Fue una velada mágica y aunque los dos interpretaban y se ceñían a un texto, mostraron al público algo de su persona, una cierta familiaridad no pactada, no actuada. No se sabía dónde acababa el actor y dónde empezaba el padre, qué hacía por exigencias del guión —como actor— y qué improvisaba —como padre—. Gassman publicó varios libros sobre su experiencia teatral. En uno de ellos, ese diálogo maravilloso que mantiene con el crítico Luciano Lucignani en el libro *Intervista sul teatro*, elogia la improvisación. Dice que un actor debe dominar su recorrido en escena (el texto, los movimientos, la secuencia), para después variarlo y así evitar caer en la rutina, en el mecanicismo. Gassman teoriza sobre el imprevisto, aconseja estar siempre atento a lo que puede suceder, porque forma parte del juego y, de hecho, sucede.

En la empresa, ante una presentación o una reunión determinada, por limitado que sea el escenario, pueden ocurrir imprevistos que obliguen a modificar el acto. En lo tocante a medios audiovisuales, el lector habrá probablemente vivido alguna situación en la que se ha estropeado el proyector u otro aparato y ha tenido que hacer la presentación sin transparencias, o repartiendo éstas en papel o bien utilizando el viejo sistema de la pizarra... Hace poco presencié en un aula cómo un experto ponente le dio la vuelta a un problema técnico. Se trata de un buen orador, pero, sobre todo, de alguien que prepara muy bien sus clases, domina la materia que tiene que exponer. Imparte la clase relajadamente y transmite confianza. Ese día se estropeó el aire acondicionado de su aula cuando sólo llevaba quince minutos y le quedaban más de 4 horas por delante. Entró una asistente y le pasó un papel en el que le informaba de la avería. Nuestro amigo reaccionó diciendo: «Tengo una noticia de última hora que comunicaros», se quitó la americana y la corbata y añadió: «No os asustéis, aunque esto se caliente no me quitaré más prendas, pero os invito a que os desprendáis de todo aquello que decorosamente podáis, porque el aire acondicionado se ha estropeado». Ese gesto le granjeó las simpatías de su audiencia de antemano, los alumnos lo miraron con ternura, porque todos sabían que él no tenía nada que ver con aquel problema, y se solidarizaron con él. Esto es algo interesante a tener en cuenta. Si uno sabe jugar con el elemento fortuito, éste se torna en su favor.

La diferencia entre el teatro y otras artes como la pintura o la escritura es su naturaleza de trabajo de equipo. Cuando hay varios actores juntos, aunque uno de ellos tenga muy claro su papel, no puede controlar todo lo que van a hacer y decir los demás. Del mismo modo que en una reunión, aunque el director del departamento tenga claro lo que quiere decir, puede verse obligado a cambiarlo por algún elemento fortuito. Por ejemplo, si hay obras en el edificio de enfrente y se oye persistentemente un martillo neumático quizá se vea obligado a alzar la voz más allá de su tono natural o incluso a trasladar la reunión a otro lugar. Hay que evitar que ese contratiempo desbarate nuestros planes. El director del departamento puede simplemente decirles a sus colaboradores que prefiere cambiar de despacho, porque quiere que estén cómodos, y así tornar el ruido del martillo neumático en algo positivo.

Cuanto más trabaje el actor con el imprevisto, más se familiarizará con él y más partido le sacará. El imprevisto desarrolla la flexibilidad, la capacidad de adaptación ante situaciones nuevas generadas por el resto de actores, por el público o bien por el escenario. Es importante aprender a relajarnos ante los imprevistos, a sentirnos cómodos y tornarlos a nuestro favor. Es algo que todos hemos observado también alguna vez en una representación teatral: la rotura de un objeto, una luz que no se enciende, una puerta que no se abre... cualquier defecto, cuando es bien gestionado, sirve para conseguir una mayor adhesión del público. Es como si la audiencia fuera condescendiente con ese error ajeno y lo tornara en una mayor simpatía hacia los actores en escena. Cualquier imprevisto, que *a priori* sea negativo, si mantengo la calma y lo resuelvo con destreza o lo asumo sin alterarme (un proyector que no funciona, la silla que se cae, el rotulador que no pinta...) será visto por el público como algo positivo en mi persona.

REGLAS DE ORO DE LA IMPROVISACIÓN

- La improvisación es una fuente de desarrollo de las habilidades de comunicación. Improvisar permite arriesgar y liberarte de tu personalidad.
- Mediante la improvisación podemos dar rienda suelta a nuestra imaginación, asumir roles distintos de nuestro modo de ser cotidiano (juegos de rol) y ejercitar la flexibilidad, la capacidad de adaptación a los cambios.
- Puede ser muy útil plantear improvisaciones en la empresa, para comprender mejor cómo comportarnos ante una nueva situación, buscar propuestas creativas ante un problema y distender el ambiente al inicio de una reunión.
- La improvisación es una fuente de estímulos para la creatividad, y por tanto, para la innovación.
- La improvisación no está reñida con la memorización. Cuanto mejor sepamos lo que tenemos que decir, cuanto más ensayemos, más podremos improvisar en el momento de comunicar.
- Cualquier elemento fortuito, cuando se gestiona bien, podemos tornarlo en nuestro favor y conseguir una mayor adhesión del público.

3

En el camerino. La respiración y la concentración

Lo primero que el actor hace al entrar en su camerino o en el lugar de ensayo es ponerse cómodo. El trabajo del actor exige un alto grado de concentración y una elevada implicación personal, por lo que éste inicia su preparación realizando unos ejercicios de relajación, que es la fase previa a la concentración. Y, evidentemente, para empezar este proceso debe sentirse cómodo, pues si está más pendiente del zapato que le aprieta o del mechón de pelo que le cuelga que de su persona difícilmente podrá avanzar en el desarrollo del personaje.

Ese «ponerse cómodo» significa en primera instancia aflojar tensiones, desabrochar todas aquellas prendas que opriman (corbatas, cinturones, pañuelos en el cuello, americanas, etc.) y descalzarse.

Invito al lector a que empiece con estos mismos gestos. El camerino en la vida cotidiana puede ser nuestra habitación, la mesa de trabajo, la sala de reuniones...

Cualquier espacio en el que nos encontremos un rato antes de iniciar el acto de comunicación y en el que disfrutemos de un poco de intimidad. Si tenemos una reunión en nuestra oficina, puede ser nuestro despacho. Si no disponemos de despacho propio, puede servir el baño. Si se trata de una presentación en otro lugar, el coche. El vendedor en una tienda encontrará un lugar en el almacén o en la trastienda, antes de empezar el día. Para el conferenciante, la habitación del hotel donde da la charla.

Quitarse los zapatos permite un mayor contacto con el suelo y la posibilidad de empezar a relajarse. Pisar el suelo baja automáticamente el nivel de tensión acumulada durante el día. Por cómodos que sean los zapatos, son un elemento opresor y, a la vez, nos alejan de la tierra. El contacto de la planta del pie con el suelo nos permite tomar conciencia de nuestro cuerpo y de nuestra presencia en escena. Y es una primera ayuda para relajarnos y empezar a soltarnos un poquito.

Este ritual facilita al actor su preparación para la actuación. Por supuesto, cuando el actor entre en escena y asuma el papel de un personaje concreto, quizá deba cargar con hábitos o posturas que no sean tan cómodas como las que tenía en el camerino, pero lo hará ya desde la concentración y le resultará mucho más fácil asumirlas. Del mismo modo, nosotros podremos aflojarnos la corbata antes de la reunión, para facilitar el estado de concentración necesario y, a continuación, volver a componer nuestro aspecto, aunque notaremos que lo hacemos desde otro estado de ánimo.

Identificamos, pues, esa llegada al espacio de intimidad previo al lugar en el que va a producirse nuestra comunicación con la llegada al camerino para el actor. En ese camerino improvisado y antes de «entrar en escena», debemos olvidar el mundo exterior: la hipoteca, los vecinos quisquillosos, la discusión con el cónyuge esa mañana, la película de terror que vimos por televisión la noche anterior... todo lo que nos haya ocurrido en las últimas horas nos condiciona, y si queremos centrarnos en el papel que vamos a interpretar, lo mejor será dejar la mente en blanco.

Cuerpo y mente se retroalimentan, no podemos disociarlos, uno influye en el otro y viceversa. Cualquier estado mental, cualquier pensamiento, por leve que sea, influye en nuestra comunicación. Aunque pretendamos mantener nuestros sentimientos al margen de nuestra comunicación, el más mínimo pensamiento puede variar el rumbo de lo que vamos a decir y cómo lo diremos. Por mucho que intentemos disimularlo, si antes de una reunión o una entrevista hemos discutido por teléfono con nuestra pareja, es muy probable que esa conversación influya en nuestro estado de ánimo en la entrevista. Y, por lo tanto, condicionará nuestra comunicación.

Iniciamos ese «vaciado» relajándonos. La relajación nos permitirá olvidar todo lo que nos estorbe para concentrarnos y facilitará una buena interpretación. Y un buen modo de relajarse, sencillo y fácil de aplicar para el actor, pero también para el ejecutivo, es respirar.

LA VOZ Y LA RESPIRACIÓN

«Una voz fuerte no puede competir con una voz clara, aunque ésta sea un simple murmullo.»

CONFUCIO
filósofo y político chino, 552-479 a.C.

«Nada revela tanto el carácter de una persona como su voz.»

BENJAMÍN DISRAELI
escritor y político británico, 1804-1881

Una vez franqueada la primera barrera del mundo teatral, entramos en ese camerino imaginario. Dentro del camerino vamos a trabajar la respiración.

Yo lo hago así: me pongo de pie y me desperezo como si estuviera en la cama, estirando al máximo mi cuerpo. Acto seguido imagino que soy como un globo, que primero se hincha al máximo cogiendo mucho aire por la nariz, para después irse desinflando conforme el aire va saliendo de mi boca, mientras emito un sonido que exprese ese empequeñecimiento, y me dejo caer al suelo.

Entonces me tumbo boca arriba, con todo el cuerpo estirado, sin tensiones, y realizo una serie de respiraciones abdominales. Este momento es especialmente importante. Si deseo que mi fonación sea agradable, debo controlar el aire que entra y sale de mi cuerpo. Una buena actuación se apoya en dos pilares previos a la aparición en escena:

la respiración y la concentración. La respiración es la base para una producción de voz agradable, descansada. Y ésa es, a su vez, la base para una buena comunicación.

Para visualizar la respiración, puedo imaginar que tengo una columna de aire que va desde mi nariz hasta el final de mis pulmones, y el aire se desliza por toda la columna. Cuanta mayor cantidad de aire almacene en los pulmones, mejor dominaré la espiración. Pongo mis manos en el abdomen, aspiro lenta y lo más largamente posible e intento llevar el aire hasta el fondo de mis pulmones. Después espiro también lo más lentamente posible. En ambos ejercicios, mis manos me indican cómo el aire se almacena primero y se desprende después. Es lo que llamamos una respiración diafragmática o abdominal.

Para quien lo realice en su despacho y no pueda tumbarse en el suelo, puede practicarlo sentado en una silla. Será suficiente mantener la espalda recta y poner las manos en el abdomen para sentir como éste se expande y se contrae. Es importante acostumbrarnos a utilizar «hasta el último rincón de nuestros pulmones» para almacenar aire.

Los actores, y todos aquellos que deseen comunicarse eficazmente, deben dominar la respiración abdominal. Las razones son:

- No dañar las cuerdas vocales, pues si se respira con el diafragma se deja tranquila la laringe y ésta puede ocuparse descansadamente de la fonación.
- Para producir suficiente cantidad de aire y controlar su expulsión, de lo contrario, si la cantidad de aire expulsada al hablar (sobre todo cuando se tra-

> ta de un discurso largo) no es suficiente y de forma regular, la voz emitida será defectuosa y cansará al que la produce, y eso inevitablemente se transmitirá al público, que interpretará ese cansancio como angustia, desinterés o malestar por parte del actor.

Para entender mejor la diferencia entre la respiración abdominal y los otros dos tipos: clavicular y torácica, es conveniente realizar también algunas series de respiración de estos dos tipos. En ambos casos, colocaremos nuestras manos en la zona donde debemos acumular el aire (el pecho o las costillas) para percibir cómo estas partes del cuerpo se ensanchan al inspirar y se contraen al espirar. En dichas secuencias comprobaremos cómo el control del aire es más difícil que en el caso de los músculos diafragmáticos y abdominales. Si acumulamos el aire en las costillas (respiración torácica), éstas se expanden un poquito hacia los lados, pero menos que el diafragma. Y si lo almacenamos en el pecho (respiración clavicular), no puede acumularse por los lados, sólo por arriba, por el movimiento del esternón, pero muy poquito, muy poquito. Lo mejor es hacer la prueba para comprobarlo. Por utilizar un término económico, en ambos casos mi *stock* de aire es menor y necesito salir del almacén en busca de más producto con mayor frecuencia.

En la vida real seguro que conocemos a personas que constantemente están afónicas. Hay algunos profesores que, cuando acaban de dar clase, su voz está al 50 por ciento. Pero también personas cuyo trabajo no les exige hablar en público sufren de afonía. Esas personas respiran con la parte alta de sus pulmones y su aire hace un recorrido muy pequeño. Los efectos son dos: trasmiten una imagen de sufrimiento, de cansancio, que no beneficia al mensaje que quieren comunicar, y fuerzan sus cuerdas vocales.

Una respiración adecuada depende también de la postura corporal. Por ello, después de practicar el almacenamiento de aire en el abdomen, conviene practicar de pie la postura del cuerpo. Es necesario pisar bien el suelo con las plantas de los pies. Para ayudar a sentir el contacto del pie con el suelo podemos realizar un ejercicio muy sencillo: poner una pelota de tenis bajo la planta y darle un masaje simplemente moviendo la pelota con el pie contra el suelo. Así relajo tensiones y «piso fuerte». Una profesora de voz me decía que si se realizaba este masaje todos los días, nuestros pies podían ganar en tamaño, alargarse. Y puedo dar fe de que no exageraba. Yo no lo realizaba todos los días, pero sí algunos ratitos, y entre eso y que me he acostumbrado a no oprimirme, a no llevar ropa ni complementos que me aprieten excesivamente, he acabado calzando medio número más.

Pisar fuerte nos permite estar erguidos y respirar con mayor facilidad. Es como poner buenos cimientos a una casa. Si pretendemos transmitir confianza al comunicar y nos aprietan los zapatos, nos falla el equilibrio o caminamos inclinados hacia delante o hacia atrás, nos va costar tanto como empezar una casa por el tejado.

Se puede hacer la prueba, por ejemplo, en el metro. Bajamos las escaleras y tenemos que correr para coger el metro que se nos escapa; entonces tendemos a adelantar el cuerpo y a caminar sacando pecho. Pero por poco observador que uno sea se comprobará que así no se va más deprisa. Invito al lector a que un día que tenga que coger el autobús o el metro camine recto, que sus piernas vayan a la misma altura que él tronco, y verá que va igual de deprisa, pero con mayor seguridad. Es muy probable que la gente alrededor lo perciba, e incluso algunos se aparten para dejarle pasar. Si una persona camina erguida transmite seguridad a su entorno; pisar fuerte, ése es el primer mensaje que el actor debe comunicar a su público.

LA CONCENTRACIÓN

«Para reducir lo infinito a lo finito, lo inasequible a lo humanamente real, no hay más que un camino: la concentración.»

THÉOPHILE GAUTIER
escritor francés, 1811-1872

Antes de entrar en escena, el actor debe estar totalmente concentrado, pensar única y exclusivamente en su papel, en las líneas que debe decir, en el control de su cuerpo y la modulación de su voz. Entre el estrés y el trajín de la vida diaria y la acción de hacer teatro debe existir una separación. Esta separación, esta barrera de acceso, se llama relajación, y es fundamental para la concentración y la preparación.

Para concentrarse lo primero es relajarse. Y para relajarse la primera fase es la respiración, de la que ya hemos hablado.

En la segunda fase muchos grupos de actores utilizan un método rudimentario, pero que tiene efectos inmediatos: jugar. Sí, jugar, como si fuéramos niños: así se consigue dejar la mente en blanco, vaciarla de preocupaciones o de cualquier estorbo para actuar. Y desprendernos de algunas de las capas de cebolla que llevamos a cuestas.

El verbo «actuar» en otros idiomas tiene doble acepción, significa también «jugar»: en inglés, *to play*; en francés, *jouer*; en alemán, *spielen*. Peter Brook[6] habla de la relevancia de los juegos teatrales para distender al actor e investigar los elementos que utilizará en su actuación.

Esos juegos ayudan a los actores a evadirse, olvidar de dónde vienen, dejar fuera del aula a sus novias, sus hijos, su agente, sus otras responsabilidades u otros trabajos, todo aquello que les pueda impedir pasar un buen rato. Esta parte es muy lúdica y divertida; podría compararse a lo que haría un grupo de niños en una fiesta de cumpleaños. Por ejemplo, en juegos como el ciego y el lazarillo, por parejas, uno guía al otro con el sonido de su voz; el círculo de confianza, uno con los ojos cerrados está en el centro y los demás se lo pasan, o la rueda flexible.

Recomiendo utilizar los juegos en las convenciones de grandes equipos de trabajo (una red de ventas, todo el departamento de ingeniería de una gran planta de fabricación) concentrados durante dos días, por ejemplo, para hablar de los objetivos anuales de la empresa. En estos ca-

6. Peter Brook, director teatral inglés, cuyos montajes y libros como *El espacio vacío* han supuesto una revolución en el arte teatral. Fue director de la Royal Shakespeare Company en Inglaterra.

sos, en los que el número de personas es elevado, es una técnica rápida y efectiva para relajar el ambiente y fomentar la concentración. Además, sirve para empezar a soltar la imaginación con juegos como hacer de estatuas según unos temas que se les propone representar, o pasarse un objeto invisible, o las escenas fotográficas. Estos juegos crean sentimiento de equipo. En «las escenas fotográficas» se propone un título para una foto, por ejemplo, «Tempestad en el mar», y deben entrar de uno en uno en escena e ir componiendo un cuadro que represente ese título.

Otro ejemplo: un equipo de marketing se reúne todo un día en un hotel para discutir sobre nuevos lanzamientos. Un buen modo de empezar la sesión es realizar el juego del lazarillo y el ciego, porque despierta los sentidos y fomenta la confianza entre los miembros del grupo.

Lo bueno es que, tras pasar por esta fase lúdica, los participantes perciben que están más concentrados que cuando entraron. En realidad no existe una vara de medir, es decir, ninguno de los ejercicios que explico en estas líneas puede evaluarse como bien o mal hecho. Cada uno compite —si puede decirse así— contra sí mismo. Como en el golf, el objetivo es rebajar el propio *handicap*. Según los vaya aplicando y desarrollando, cada uno sabrá si ha progresado o no en sus capacidades comunicativas, y eso no es algo comparable. He visto gente muy tímida avanzar a pasos agigantados, y personas aparentemente muy desinhibidas, pero encasilladas en su postura de «contador de chistes» o «graciosillo del grupo», que no pudieron salir de ese encasillamiento: el personaje pudo con ellos y no fueron libres para soltarse y evolucionar.

En cualquier caso, aunque los juegos son realmente muy recomendables para fomentar la relajación y la concentración, no son aplicables ni indicados en todos los contextos. Pero hay otros modos de concentrarnos.

APRENDER A CONCENTRARSE

¿Cómo concentrarse en el mundo empresarial? La primera fase de la concentración, la respiración, es aplicable en cualquier entorno y situación, tanto individual como colectivamente. Antes de hablar, recordemos siempre hacer tres respiraciones abdominales lo más largas y profundas que se pueda. Relajan y preparan nuestra caja torácica.

La segunda fase de la concentración, los juegos, deben practicarse en grupo y no siempre son adaptables a un entorno de empresa. No obstante, son muy aconsejables para trabajar con equipos, pues conseguir que se concentren al unísono todos sus miembros no es fácil.

Sin embargo, no hay un único camino para aprender a concentrarse. Cuando los juegos no tienen cabida hay otras alternativas. De hecho, cada actor debe aprender a conocerse y entender lo que le funciona bien. Catherine Deneuve, en su libro *A l'ombre de moi même*, en el que recoge los cuadernos de rodaje de algunas de sus películas, cuenta cómo se concentra en su camerino. Con una pequeña bombona, quema pieles de mandarina. El olor que desprenden la ayuda a dejar la mente en blanco y la preparan para el papel que debe abordar. Otro excelente actor, Ralph Richardson,[7] cuando actuaba en el teatro, tocaba el violín en su camerino antes de salir a escena.

El silencio puede ayudar. En mi grupo de teatro, antes de salir a escena, había un silencio sepulcral en el camerino. Si alguien debía decir algo, lo hacía en un susurro. Era como si cualquier palabra pudiera romper la armonía.

El modo de concentrarse será distinto según la escena que vaya a seguir. Podemos tomar dos grandes grupos de escenas en el entorno empresarial:

1. Las reuniones (de trabajo, de vecinos, entrevistas...), es decir, aquellas escenas en las que el texto que tenemos que memorizar es mínimo o nulo.
2. Las presentaciones o todas aquellas escenas con un público más amplio y en las que sí hay que memorizar un texto de una cierta extensión.

1. En el primer caso, antes de una **reunión**, he visto directivos que se relajaban lanzando la pelota a una canasta de baloncesto que tenían en su despacho; otros apretaban esas pequeñas pelotitas blandas que caben en una mano, e incluso había alguno que disponía de una discreta alfombra con un *green* y una banderita. Si no se tienen a mano elementos externos, se puede aprender a concen-

7. Ralph Richardson (1902-1983), actor británico, que intervino en grandes producciones como *Greystoke*, *Campanadas a media noche*, *Doctor Zhivago* o *Éxodo*.

trarse. Es suficiente que cada vez que entren en escena, es decir, cada vez que vayan a transmitir algo a alguien (ya sea comunicar un cambio de departamento a un colaborador, presentar los resultados de las ventas o evaluar a su asistente) se tomen un minuto para relajarse. Un minuto, no es demasiado, para pensar mentalmente en lo que van a decir a continuación, y respirar abdominalmente.

El llamado pánico escénico lo experimentan muchos actores entre candilejas. Luego es lógico que también lo sientan los directivos antes de comunicarse. Aunque uno lleve muchas horas de vuelo como actor, esas mariposas en el estómago no desaparecen. Pero se puede aprender a controlarlas. Tomarse su tiempo y concentrarse.

No me canso de repetirlo: antes de salir a escena «tómate tu tiempo». Parémonos a pensar un momento cuántos actos de comunicación realizamos al cabo del día con prisa, atolondradamente, sin pensarlo siquiera. En la vida cotidiana, ¿cuántas veces «entramos en escena» sin pararnos a pensar con qué palabras empezaremos a hablar, qué diremos después, qué impresión queremos causar en nuestro público, quién es realmente nuestro público?

La típica improvisación hispánica es una cualidad que muy pocos se pueden permitir. Un actor que respeta a su público se prepara antes de subir al escenario. Y es una buena enseñanza para los no actores. Aunque nuestros actos de comunicación vayan dirigidos a pequeños públicos o tengan lugar en espacios reducidos, es importante mantener esa actitud de respeto hacia los que nos escuchan y tomarnos en serio qué vamos a decir y cómo lo diremos. Sea una comunicación larga o corta, más o menos trascendente, en una tienda o en un aula, hay varias cosas que podemos hacer antes de subir a escena, entre candilejas. Son pequeños trucos que favorecen la concentración.

2. En el segundo caso, ante una **presentación** o en cualquier comunicación en la que el mensaje a transmitir sea de cierta extensión, a la respiración y a estas pequeñas pautas o juegos para fomentar la concentración hay que añadir otra técnica: **El ensayo.**

Tenemos que ensayar —si hay ocasión ante el espejo— lo que vamos a decir, varias veces. Cuanto más lo repitamos, más fluido nos saldrá después, más matices encontraremos en las palabras. Como decía antes, la actuación es técnica. Y la técnica no es una ciencia infusa, no es esa musa que se le aparece al creador en sueños; la técnica es práctica, es decir, simplemente trabajo.

Otra cosa que aconsejo para irse concentrando es llegar al escenario antes que los demás y tomar posesión del lugar tranquilamente. Si entramos en el escenario antes de la hora acordada, cuando los demás vayan entrando ya nos habremos familiarizado con el espacio.

Incluso en la comunicación con altas dosis de improvisación, sin un guión preestablecido, porque de lo que se trata es de trabajar la flexibilidad y la imaginación, también es bueno concentrarse un momento antes de entrar en escena. En los ejercicios de improvisación citados en el capítulo 2, los actores dedican un minuto o minuto y medio a respirar, a pensar en qué papel van a recrear, cuál es su objetivo en escena, qué quieren obtener del otro actor.

Lo importante es que se den cuenta de que esa concentración los ayudará después a improvisar mejor, más sueltos. Del mismo modo que la preparación previa a una reunión no nos encasilla después en un mensaje inamovible, sino todo lo contrario, cuanto más preparado llevemos nuestro discurso, más cómodos nos sentiremos si debemos improvisar, adaptarnos, cambiar nuestra propuesta.

Me ocurrió en una clausura de un MBA que presidí. El grupo de alumnos al que entregábamos el diploma eran especiales para mí, había convivido y entablado una relación estrecha con muchos de ellos. Preparé un discurso desde el corazón, diciendo exactamente lo que pensaba de ellos; todo eran cosas buenas y ciertas que me salían de dentro, pero aun así lo ensayé mucho. Repetí mi discurso una y otra vez hasta estar segura de que tenía el texto totalmente interiorizado. Antes de salir al estrado, hice tres respiraciones abdominales y me concentré, me tomé unos segundos de silencio y paz. El discurso fue un éxito, lo dije con una naturalidad tal que parecía improvisado, incluso me permití intercalar algunas bromas. Al acabar me felicitaron, y muchos alumnos comentaron: «Se nota que *no* lo tenías preparado». Para mí dos fueron las claves: una, mi mensaje era sincero y, además, estaba totalmente concentrada y preparada. La concentración y el ensayo no están para nada reñidos con la improvisación y la naturalidad.

Pero no siempre las cosas salen bien. Recuerdo la presentación de un plan de marketing en Milán. El director general nos había llevado a un bonito hotel y al día siguiente teníamos una jornada de trabajo intensiva en la que cada *brand manager* debía presentar sus propuestas y defenderlas ante el resto del equipo. Yo tenía preparados mis *slides*, como todos, pero probablemente subestimé la importancia del evento o sobrestimé mi resistencia física... y me equivoqué. Esa noche cenamos en el hotel y después un grupito nos quedamos charlando hasta las tantas. A la mañana siguiente estaba agotada, me levanté tarde, lo justo para un café, pero no hubo tiempo para repasar. Cogí mis transparencias y las releí por encima, pensé: «Lo he escrito yo, ya me saldrá». Llegué al salón de actos acelerada; además, la presentación era en inglés, y mi cabeza parecía una batidora. Total, mi presentación fue bastante pobre. Los *slides* no estaban mal, pero recuerdo que no conseguía encontrar las palabras, y anduve más pendiente del inglés que de los conceptos que quería transmitir. ¿Qué debía haber hecho?: levantarme antes, tomar un café bien cargado y dedicar al menos una hora a repasar mi presentación, en voz alta y en inglés, apuntando aquellas frases o expresiones que más me costaran o que no podía olvidar transmitir.

Tras estos ejercicios de concentración, el lector podrá percibir en sí mismo (o en el ambiente si lo realiza en grupo) una seriedad y una predisposición al trabajo, que después se verá reflejada en la comunicación que seguirá. Un medidor claro de la concentración de un grupo o de un individuo es la disipación de la risa. Cuando se inicia la ronda de juegos o, cuando uno empieza en solitario a realizar los ejercicios de respiración por vez primera, la reacción natural es reírse de todo. Es lógico, la risa es una de las vías de escape del nerviosismo. Sin embargo, en la medida de lo posible, deberíamos dejarla fuera del camerino imaginario, porque la risa —que es de por sí muy saludable y recomendable en una amplia mayoría de situaciones— no nos ayuda a concentrarnos. Uno mismo se va dando cuenta de ello y se va creando un silencio que es síntoma de concentración y de voluntad de trabajo.

REGLAS DE ORO EN EL CAMERINO

- La base de una buena comunicación es la concentración.
- Estar concentrado supone dejar fuera de nuestra mente todo aquello que nos pueda molestar; todo aquello que no necesitemos para transmitir nuestro mensaje. No podemos disociar cuerpo de mente. Cualquier pensamiento se refleja en nuestro cuerpo y nuestra actitud postural y, por consiguiente, en aquello que debemos comunicar.
- Si queremos «dejar la mente en blanco» el primer paso para concentrarse es relajarse.
- Y el primer paso para relajarse es respirar adecuadamente. El actor debe respirar con el abdomen. La respiración abdominal permite:
  1. Antes de hablar, relajarse.
  2. Durante el discurso, no cansar las cuerdas vocales y hablar largamente.

- El segundo paso para concentrarse dependerá de cada persona y de cada circunstancia. En ocasiones, los juegos son un buen catalizador, sobre todo para concentrar a un grupo. A nivel individual, cada actor debe conocerse y saber qué elemento externo o interno lo ayuda a concentrarse. Distinguiremos dos situaciones:
  1. Comunicaciones en las que el actor no debe memorizar un texto: bastará para concentrarse pensar qué queremos decir, cuál es el objetivo de la reunión, cómo son nuestros interlocutores.
  2. Comunicaciones en las que el actor debe memorizar un texto: es necesario ensayar lo que vamos a decir varias veces.

4

El escenario y el sentido escénico

«No siempre un hermoso local es capaz de originar una explosión de vida, mientras que un local fortuito puede convertirse en una tremenda fuerza capaz de aglutinar a público e intérpretes. Éste es el misterio del teatro.»

PETER BROOK
director de teatro británico, 1925

1990 fue un año especial para el teatro en Europa. Varios teatros de distintas ciudades europeas (entre ellos La Abadía de Madrid y el Lliure de Barcelona) se unieron para fundar *L'Union des Théâtres de l'Europe*, con sede en el Teatro Odeon de París. Lluís Pascual fue nombrado director del mismo. Ese año asistí allí a una representación de la *Comedia sin título*, obra póstuma de García Lorca, dirigida por Pascual. La obra utiliza la técnica de teatro dentro del teatro: un grupo de actores representan *Sueño de una noche de verano* y ven la obra interrumpida por la llegada de la revolución al teatro. Al final de la pieza, en escena los actores ensayaban, mientras fuera se oían disparos, ruido de aviones que pasaban sobre el teatro, un bombardeo, metralletas. Un espectador disparó a un obrero, que cayó herido de muerte, el estruendo era cada vez más fuerte y, de repente, el escenario se vino abajo literalmente, cayeron ladrillos y los que estábamos en las primeras filas nos llenamos de polvo. Fue algo realmente espectacular, me impactó mucho. El objetivo de la obra de Lorca es obligar al público a ver lo que no quiere ver: el dolor ajeno, su propia injusticia y cobardía. Y la adaptación de Pascual transmitió ese sentir con toda la fuerza posible. El pánico de los actores y la tristeza por la creatividad mutilada se apoderaron de todos los espectadores.

Lluís Pascual es un genio, una de las grandes figuras de la dramaturgia de nuestro tiempo, y probablemente sea inimitable. En esa ocasión eligió una solución extrema que expresaba muy bien los sentimientos de la obra, y que hacía vibrar al espectador ante el horror de la guerra.

La escenografía debe estar siempre al servicio de la obra, es un elemento muy útil para ayudar a transmitir el mensaje. Y, nuevamente, puede aplicarse a cualquier contexto de comunicación. No es necesario utilizar recursos tan espectaculares, hay escenarios pobres o mínimos que transmiten mucho. Un ejemplo sería la representación de *Por un sí o por un no*, de Sarraute, dirigida por Flotats en el teatro Poliorama de Barcelona. La obra es un diálogo entre dos amigos que discuten porque en una ocasión uno expresó un juicio de valor sobre algo que el otro había hecho y fue un tanto condescendiente. Todo gira en torno a un juego de palabras, la dialéctica es lo más importante. Para reforzar este efecto Flotats planteó un espacio diáfano, con sólo dos butacas bajas, una negra y una blanca, colocadas una frente a la otra. Los dos actores iban vestidos con trajes chaqueta de corte recto, oscuro y con camisa blanca, sin ningún detalle que llamara la atención. Y eso es lo que pretendía la escenografía, que la atención se centrara en el pulso interpretativo entre los dos monstruos en escena (Juanjo Puigcorbé y el propio Flotats).

A veces el escenario lo conforman elementos naturales, muy sencillos, sin apenas decorado ni luces, pero en un marco que respira un aire especial. Un mes de agosto fuimos de vacaciones a Stromboli, una de las islas Eolias, en Sicilia. Nos hospedamos en un hotel cuyo dueño era un amante del teatro. Casualmente se hospedaba también allí Adriana De Guilmi —una dama de la escena italiana, que actúa normalmente en el Teatro Filodrammatici de Milán—, con su marido, también actor. El propietario del hotel les propuso ofrecer un pequeño montaje a su clientela, lo soltó espontáneamente, por si la idea les divertía. Aceptaron encantados. El hotel cuenta con distintas alturas, por encima de los bungalows de las habitaciones hay una piscina y sobre ésta un pequeño jardín con bancos de piedra donde improvisaron un escenario. Esa noche había luna llena (¿destino o azar?) y la De Guilmi y su marido nos obsequiaron con una serie de *scketches* sobre la vida conyugal. No era un gran texto, algunas escenas daban una sensación de *déjà vu*. Y el decorado era espartano, apenas unas luces, unas cuantas plantas, dos sillas y una mesa. Pero la nocturnidad al aire libre, la luna, la proximidad del mar... y, por supuesto, también el buen hacer de dos gatos viejos de la escena dieron como resultado una noche inolvidable. La escena nos envolvió y nos hizo olvidar todo lo demás.

Los tres ejemplos vistos corresponden a otros tantos escenarios en los que puede desarrollarse una obra teatral:

- Ricos, recargados, espectaculares, con efectos especiales, gran variedad de luces. El objetivo del director es desviar la atención hacia el decorado.
- Minimalistas, espartanos, donde la atención se centra exclusivamente en los actores en escena.
- Naturales, aprovechando o revalorizando elementos ya existentes en el entorno.

Todos estos espacios comunican algo, han sido elegidos por el director con una intención concreta para que complemente la obra y, por lo tanto, contribuya a hacer llegar el mensaje. Desde hace siglos la dramaturgia necesita del espacio para manifestarse. Ya en las antiguas corralas, cuando no existían los medios técnicos para el cambio de decorado, el escenario constaba del «balcón de las apariencias», que se utilizaba para delimitar diferentes localizaciones de la obra.

Del mismo modo, en la vida real, cualquier comunicación tiene lugar en un espacio escénico. Cada espacio transmite algo, un concepto, un mensaje. No tenerlo en cuenta equivale a desperdiciar herramientas de comunicación que pueden sernos útiles; si tenemos el espacio en contra, nuestro mensaje tendrá que ser tan poderoso que contrarreste los efectos adversos del lugar donde se desarrolle.

Tomemos por ejemplo un espacio escénico muy común, como es el caso de un restaurante o una tienda. Cuando entramos en una tienda de moda nos introducimos en un determinado universo, el que su diseñador (si se trata de la tienda de un único diseñador) o su propietario (si se trata de una tienda multimarca) quieren transmitir. Hay tiendas de decoración minimalista, otras barrocas, etc. Es importante que los asientos, los paneles, los espejos, los colgadores, los vestidores, los estantes, los escaparates y los aparadores guarden una cierta coherencia, porque así se ayuda al posible cliente a entender en qué tipo de tienda está y qué ropa va a encontrar en su interior. El escenario está para ayudar al público o consumidor en este caso. Si un restaurante con decoración japonesa ofrece una carta con platos de inspiración italiana, el consumidor se despista, no entiende dónde se encuentra, y probablemente desconfiará. En una ocasión trabajé en el desarrollo de una fragancia para la marca de ropa Alain Manoukian. Se trata de un grupo de ropa y complementos con tiendas propias presente en muchos países. La sede está en Francia, pero el señor Manoukian es de origen armenio y quería que su fragancia respirara un nuevo concepto, en el que estaba trabajando para decorar sus tiendas, inspirado en el exotismo de Oriente Medio. La tienda piloto de este lanzamiento estaba decorada con suelos de terracota, grandes tinajas de cerámica, tapices y palmeras. Sin embargo, la colección está compuesta de ropa de corte clásico, trajes chaqueta, pantalones de pinzas y prendas por el estilo, pensadas para la mujer ejecutiva de más de 30 años. Ropa de calidad, muy urbana y convencional, nada que ver con las planicies armenias, los grandes lagos y la artesanía tradicional. Los tests mostraron que las clientas habituales se hubieran desconcertado ante el cambio y la propuesta se descartó.

El escenario debe favorecer la «experiencia de la compra», proporcionar información al cliente para que encuentre, en el artículo comprado, la máxima satisfacción a su necesidad. El escenario puede contribuir, además, a que el consumidor disfrute del momento de la compra.

LA ANTICIPACIÓN

Cualquier reunión o presentación, incluso la más corta o sencilla, se desarrolla en un escenario. Y a cualquier escenario, por limitado que sea, se le puede sacar partido; se puede integrar como un arma de comunicación, o al menos evitar que se nos vuelva en contra. Para ello nos conviene llegar antes al escenario. Anticiparnos nos permite conocer el entorno y aprovecharlo. En el mundo empresarial distinguiremos dos grandes grupos de escenarios:

1. Escenarios pequeños con pocos actores

Si se trata de una reunión en una sala de juntas o un despacho nos conviene llegar un rato antes y analizar lo siguiente: ¿Dónde me voy a sentar? ¿Estaré cómodo? ¿La disposición de la mesa o de las sillas es la apropiada? ¿Me ve y veo a todo el mundo? ¿Tengo suficiente espacio para levantarme y dar una vuelta por la sala o alrededor de la mesa? ¿De qué elementos de apoyo dispongo: una pizarra, máquina de café, bebidas, portátiles? ¿Elementos externos: ventanas, ruido, luces? Aunque se trate de pequeños elementos no conviene subestimarlos: nos pueden ser de ayuda en un momento dado.

Es aconsejable controlar todo esto en aras de una comunicación más efectiva y positiva, aunque es notorio que grandes personajes del mundo empresarial lo han utilizado con fines perversos. La leyenda sobre el magnate del petróleo J. Paul Getty contiene anécdotas de este tipo. Cuentan que en su despacho las sillas donde se sentaban las visitas tenían una pata más corta, para incomodarlas y forzar que aceleraran sus exposiciones.

Había un grupo de teatro argentino que representaba una obra sobre una mujer y su búsqueda de un ser que modificara su realidad. Lo curioso era que la obra carecía de escenografía propia, el grupo se adaptaba al espacio donde representaban. Y lo hacían no sólo en espacios teatrales convencionales, sino también en patios, casas, jardines. Cuando llegaban a un lugar, lo analizaban y veían qué posibilidades les ofrecía para contar su historia. Y decían algo muy bonito de lo que se dieron cuenta actuando en los lugares más variopintos: «Todos los espacios tienen algo que contar, sólo hay que escucharlos».

Seguro que en alguna ocasión hemos dado una cena en casa y los invitados parece que no quieren irse, están tan a gusto que el tiempo se detiene. Y nos preguntamos ¿qué había hoy en el ambiente? Quizá la música, la luz de las velas, la disposición de los comensales alrededor de la mesa, el buen vino, la cena... todo puede influir. Si reparáramos en ello seríamos capaces de reproducirlo en otras ocasiones. Pero no lo hacemos, dejamos que sea el azar quien construya esos momentos y se los lleve; por eso hay cenas en las que los invitados se marchan en seguida y otras en las que se quedan. Por supuesto, las personas y la conversación son muchas veces la clave del éxito o el fracaso de una velada, pero quiero resaltar aquí que no son los únicos responsables.

En la empresa podemos también «escuchar» a las paredes y los elementos entre los que se va a desarrollar la comunicación. Un primer paso será familiarizarnos con los distintos componentes del decorado. En casa serán los sofás, las velas, el vino elegido... En la empresa será aconsejable observar la máquina del café, la bandeja con botellines de agua, folios blancos de recambio, un cuadro, la ventana abierta, etc... Por ejemplo, en una negociación con un cliente, si al llegar hemos observado los cuadros que tiene colgados, adivinar qué tipo de arte le gusta. Si se trata de fotos de barcos de vela, sacar el tema para cambiar momentáneamente de tercio. O si tiene plantas, alabar lo bien cuidadas que parecen y así distender el ambiente.

Tenía un jefe que, atendiendo a la importancia del tema a tratar, nos reunía en la pequeña prolongación redonda de su mesa de despacho, o bien en la sala de juntas. No era cuestión del número de participantes en la reunión. A veces estábamos seis personas —bastante justas— en su despacho y en otras ocasiones, para reuniones de sólo tres personas, nos citaba en la sala de juntas. Era su modo de indicarnos que el tema era importante para la compañía. Una cosa es cierta, con mayor espacio parecerá que damos más solemnidad a nuestras palabras, y nos lo pensaremos dos veces antes de decir según qué.

El director general en París, un francés simpatiquísimo, rompía todos los esquemas como comunicador. Tenía un despacho majestuoso, con una enorme mesa de mármol y un supersillón de cuero negro. A veces, cuando un directivo iba a verle, le hacía sentar en su sillón y él se sentaba en la silla de enfrente. Era su modo de transmitirle, ante todo, confianza y tranquilidad, pues era cierto que su despacho intimidaba un poco. Pero también un cierto mensaje subliminal, algo así como: «Tú puedes llegar donde yo estoy, no es tan difícil».

2. Grandes escenarios con público

Si se trata de una presentación, deberé visitar el lugar por lo menos una vez antes del acto comunicativo final. Hay que analizar bien el escenario, y observar:

- Las medidas del escenario y el aforo del local.
- La iluminación, que se centre en aquello que deseamos, sea la pantalla, un *display* con productos o mi persona.
- La acústica. Si es un gran espacio, comprobar que todo el mundo nos oirá bien, que nuestra voz no resuene. Verificar que no haya elementos externos «ruidosos».

- La distancia entre asientos. Si es mucha gente, asegurarnos de que tienen espacio para estar cómodos y pasar; si son pocos, no espaciar mucho los asientos para no dar sensación de frialdad; es preferible inutilizar una parte de la sala y conseguir un ambiente más cálido.
- La distancia del estrado a los asientos. Dependiendo de la solemnidad que deseemos dar a nuestro mensaje, nos convendrá estar más cerca o menos del público.

Si no pudiéramos desplazarnos previamente al local, deberemos recavar la máxima información posible aprovechando los medios tecnológicos (*email*, *webcam*, foto digital) y pidiendo a terceros de confianza que realicen las mediciones o pruebas que sean necesarias.

Trabajando para Coty Lancaster, en Barcelona, preparaba el lanzamiento de una línea de aromaterapia. Con la ayuda de unos estilistas montamos una presentación a la prensa en el hotel Ritz, en Madrid. Los estilistas confeccionaron cuatro preciosos muebles *decapé* con los cuatro tonos pastel de otras tantas líneas de aromaterapia. La idea era recrear un jardín en el salón del citado hotel, para transportar a las periodistas a ese mundo mágico. El hotel nos facilitó el plano de la sala, con las medidas y la disposición del estrado y de las sillas, y así calculamos dónde situar los muebles y unos grandes ficus que colocaríamos alrededor de los asientos. En un momento dado alguien insistió en que teníamos que ir al menos una vez a Madrid a conocer la sala. Por suerte, fuimos a Madrid 3 semanas antes. El salón tenía una altura de más de 5 metros, y del centro del techo pendía una enorme lámpara de araña, más unas 10 lámparas laterales que imitaban candelabros de estilo barroco que nada tenían que ver con el jardín que pretendíamos recrear. Nuestros ficus y los bonitos muebles en tonos pastel se hubieran perdido en aquella inmensidad. Uno de los estilistas tuvo una idea genial: cubrir de lianas todas las lámparas, incluso la del techo. Encargamos las lianas, y la colocación, con la ayuda del personal del hotel, se hizo el día antes. Si no hubiésemos conocido el espacio escénico con antelación, no hubiéramos podido camuflar sus altos techos y el efecto visual de nuestra línea de aromaterapia hubiera sido pobre. Por muy preparada que lleváramos la presentación y muy bonitas que fueran las líneas de producto, la fuerza de la marca se hubiera perdido, hubiera quedado engullida por la personalidad del salón del Ritz, majestuoso y barroco.

En otra ocasión, años antes, me ocurrió lo contrario. Era responsable de una línea de detergentes para prendas delicadas y suavizantes y había organizado una promoción con muñecos de peluche de la película *Los Picapiedra*. Creía haber cuidado todos los detalles: encargué a una modista unos disfraces de Pedro Picapiedra, Vilma y Betty, que debíamos vestirnos un compañero de marketing, mi asistente y una servidora. Compré el vídeo de la película y la banda sonora para aprender el número coreográfico que los Picapiedra y los Mármol hacen en una escena de la misma. Durante unas cuantas noches estuvimos los tres en casa ensayando el numerito, simplificado, claro está, pues nuestra capacidad como bailarines no daba más de sí. La presentación al equipo de ventas era en Porto Cervo, en Cerdeña. Los del *trade marketing* se fueron dos días antes para asegurarse de que todo estaba correcto. No se me ocurrió llamarles para preguntar cómo era el escenario ni mucho menos ir nosotros antes. Al llegar allí me encontré con un escenario enorme, parecía de teatro de ópera, altísimo (las sillas donde se iban a sentar los comerciales se veían lejísimos)... y yo, sin ningún decorado. Encima hacía mucho calor, no había aire acondicionado en esa parte del hotel y nuestro disfraz incluía —en el caso de las chicas— una peluca en papel cuché, y en el del chico, una cabeza de Pedro Picapiedra, como las de los cabezudos en las fiestas de pueblo. Tanto las pelucas como la cabeza eran graciosas de ver, pero daban un calor de muerte. ¡Qué desastre! Nuestro ridículo baile se perdía en la inmensidad de aquel escenario, «Pedro» no dejaba de sudar, casi se desmaya por el calor y los vendedores no paraban de reír. Moraleja: Si vas a invertir medios y tiempo en una presentación, no puedes permitirte el lujo de dejar ni un solo cabo suelto, tampoco el del escenario.

Un amigo mío, experto conferenciante, dio en una ocasión una charla en un hotel en Valencia. El vuelo salió con retraso, y llegó al lugar del evento con el tiempo justo. Al entrar en la sala se encontró con una línea de columnas que dividía la sala en dos partes. Habían dispuesto sillas a ambos lados de las columnas y la mesa de los ponentes la situaron justo en medio, coincidiendo con las columnas. Ya era tarde para cambiar nada, la sala estaba llena de gente. Según me contó, fue de sus peores conferencias. Se puso nervioso; si se desplazaba hacia la derecha, las columnas le tapaban a los de la izquierda, y viceversa. Se pasó las dos horas que duró su charla tratando de encontrar la posición idónea, y ello interfirió en el hilo conductor de su discurso.

LA VISUALIZACIÓN

Si conozco el lugar donde va a desarrollarse la comunicación, puedo incluso visualizar esa reunión mientras voy de camino o en el mismo escenario, minutos antes. Es un truco muy utilizado por los actores y ayuda a detectar rápidamente si algo no está en su sitio, si algo no es como debiera, antes de iniciar la escena, y a corregirlo mentalmente para que no se produzca. Es una técnica empleada también por los deportistas: los futbolistas visualizan el gol y los golfistas la pelota entrando en el hoyo.

LA MOVILIDAD EN ESCENA

Los actores aprenden de memoria cómo moverse por el escenario, en ocasiones con marcas en el suelo que les indican dónde deben pararse, dónde girar o mirar al público. Ello está hecho en aras de una armonía escénica, de una distribución del espacio y de una lógica que se ajuste al contenido de la obra a representar.

Es posible acomodar un lugar a nuestro favor moviéndonos por él. En el transcurso de una negociación, podemos levantarnos para dar movilidad a la escena, para que no sea todo tan estático. O en una reunión tensa, dar una vuelta a la mesa y servirnos un café, para relajar el ambiente. Si alguien en la reunión resulta conflictivo, a veces bastará con levantarnos y apoyar nuestras manos sobre sus hombros para hacerle partícipe de nuestro discurso. Para efectuar todos estos movimientos con tranquilidad es necesario haber observado antes la situación de los objetos principales que componen la escena, y medir las distancias.

Es cierto que en el mundo empresarial la gente acostumbra a hablar sentada. Pasamos muchas horas en el despacho y, lógicamente, sentado se está más cómodo. Aunque a veces pienso que también hay otra razón: estar sentados elimina el problema de qué hacer con nuestro cuerpo. Cuando los actores improvisan, muchas veces lo hacen de pie para acostumbrarse a usar su cuerpo y llenar el espacio. ¿Para qué? Para que tomen conciencia de que el espacio es un don y pueden disfrutar del mismo.

Podríamos probarlo alguna vez. En una entrevista o una reunión, obliguémonos a estar un rato de pie y disfrutar del espacio moviéndonos por él. En una presentación, según lo que deseemos decir, nos convendrá estar más o menos cerca de nuestro público, movernos o quedarnos quietos, usar sólo la mitad del escenario (delimitando el territorio) o usarlo en su totalidad... Por regla general, si queremos resultar cercanos o emocionar a nuestro auditorio, nos ayudará no subirnos al estrado ni colocarnos muy lejos del público, aunque sí con una distancia prudencial para que no se sientan invadidos. Si el discurso es corto podemos quedarnos quietos, pero si es más largo nos convendrá movernos por el escenario, para obligar a los asistentes a seguirnos con la vista y no perder la concentración.

Todos estos aspectos de la utilización del espacio escénico y la movilidad en el mismo son también aplicables a otros contextos, como el de los comercios, ya sea una panadería, una zapatería, una agencia de colocación, una tienda de electrodomésticos o una librería. Una amiga óptica me contó cómo utiliza el espacio de su establecimiento y se mueve por él en función del tipo de cliente:

1. **Cliente indeciso.** Si le ha enseñado ya varias gafas y no se decide, se levanta e invita al cliente a que la siga. Se mueven por toda la tienda, le enseña más gafas y deja que se las pruebe. Mientras, ella lo observa e interviene poco. Cuando ve que repite la prueba de unas gafas, las coge y vuelven a sentarse. Entonces lo ayuda con aire decidido a tomar la decisión final.

2. **Cliente triste**, solitario, que no viene sólo a comprar, busca también compañía. Lo sienta en el rincón más escondido de la tienda, le deja hablar, lo escucha, intenta crear empatía con él o ella. Mientras van charlando le enseña modelos; ella se levanta, pero con movimientos muy rápidos, sólo para buscar un nuevo modelo, para que el cliente, que sigue sentado, no sienta que la charla se interrumpe.

3. **Cliente negativo**, al que no le gusta nada de lo que se le enseña. Mi amiga busca un espacio más amplio y abierto,

una mesa en el centro de la tienda, y le hace preguntas muy concretas: «¿Qué forma de gafas busca? ¿De qué color? ¿Pasta o metal?» Desde su situación el cliente tiene al alcance muchos modelos, puede observar distendidamente. Ella sigue su mirada y observa dónde se detiene para hacerse una idea de lo que le atrae.

4. Cliente con prisa, no quiere sentarse, tiene el coche mal aparcado, el móvil sonando... Hay que ofrecerle facilidades como un ticket para el parking, pues el objetivo es que se siente, de lo contrario el cliente no se concentrará y quizá la elección que haga no sea la acertada.

Además, cuando hablamos de escenario debemos tener en cuenta todos los sentidos, no sólo la vista. El olfato puede jugar un papel decisivo en determinados escenarios, como algunas tiendas, un centro de estética o la consulta de un médico. El oído también es importante. Jugar con música o efectos sonoros de fondo es un buen aliado para hacer que el público se sienta a gusto.

La utilización del espacio es un factor más de la comunicación y puede ser de ayuda. Bastará conocer ese espacio y adaptarlo a nuestras necesidades. No subestimemos el espacio escénico, es nuestro aliado.

REGLAS DE ORO DEL ESCENARIO

- Si conozco el espacio escénico, visualizar la escena antes de que ocurra.
- Si no lo conozco, visitarlo antes de que se produzca la comunicación. Para una reunión, bastará ir un rato antes. En el caso de una presentación, semanas antes para poder cambiar aquellos elementos que podrían entorpecer mi mensaje.
- Una vez en el espacio escénico, observar bien todos los elementos, familiarizarse con ellos y utilizar los que pueden mejorar nuestra comunicación.
- Durante el desarrollo de la escena, ser conscientes de la movilidad en el escenario como elemento comunicador.
- Utilizar todos los sentidos para crear el escenario. La vista es importante, pero no hay que olvidar el olfato y el oído; también son una ayuda para crear un determinado ambiente.

5

Acto I: La expresividad de rostro y cuerpo

«El oficio-arte del actor consiste en ofrecer su cuerpo.
Cuerpo que ocupa el espacio, que lo habita
y lo transforma. Cuerpo que crea el espacio.
Cuerpo que se vincula con otros cuerpos y objetos.
Cuerpo atravesado por el texto y los diversos órdenes
significantes. Cuerpo recortado de lo cotidiano.
Cuerpo grávido de otros seres. Cuerpo deseante
y deseado, causa y consecuencia del deseo del otro.
Cuerpo expuesto a la violencia y al placer de la mirada.»

RAÚL KREIG
actor y director argentino

Tras estudiar el escenario, entramos en él, tomamos posesión del espacio y lo utilizamos. Es el momento mágico en que se alza el telón y el actor entra en escena. Empieza la obra, se inicia el primer acto.

EL CUERPO Y EL EQUILIBRIO INESTABLE

«El cuerpo de un actor puede ser su mejor amigo o su peor enemigo.»

MARCO AURELIO
emperador romano, 121-180

La antropología teatral es la disciplina que se ocupa de estudiar el comportamiento fisiológico del ser humano ante una representación. El creador de esta teoría, Eugenio Barba, en la introducción de su *Antropología Teatral* habla de la clara diferenciación entre danza y teatro que se da en la cultura occidental. Explica que en Europa existe una ruptura entre ambas artes, de tal modo que el actor tiende hacia el mutismo de su cuerpo y el bailarín hacia el virtuosismo. Barba apunta que esa distinción no existe en la cultura asiática y tampoco en Europa antiguamente. Los juglares, por ejemplo, o los comediantes del siglo XVI conjugaban la danza en sus actuaciones de un modo armónico. Si le pides a un artista asiático que te explique la diferencia entre danza y teatro, le costará encontrar las palabras; para ellos lo importante es la utilización de la energía, como fuerza motriz de creación, y danza y teatro son dos caras de la misma moneda.

En Japón los espectadores muestran su agradecimiento a los actores al final de un espectáculo mediante la expresión *otsukaresama*, que quiere decir «estás cansado». Ellos valoran el hecho de que el actor no haya escatimado sus fuerzas, que haya gastado el máximo de energía posible. La cultura japonesa tiene poco que ver con la nuestra, pero sin llegar a sus extremos, hay una filosofía detrás de su modo de actuar que puede sernos útil. Nosotros hacemos justamente lo contrario en la vida real. En nuestro hacer cotidiano vemos reflejada también esa diferenciación entre danza y teatro, entre moverse mucho o no moverse nada, pues nuestros movimientos se caracterizan por lo general por el principio del mínimo esfuerzo. Tendemos a movernos poco y me atrevería también a decir que tendemos a tocar o tocarnos poco, es decir, utilizamos al mínimo nuestro cuerpo como elemento comunicador. Lo cual es una lástima, porque así limitamos nuestras posibilidades. Nos comunicamos *a pesar de* nuestro cuerpo. Es más, si en el entorno empresarial alguien, mientras nos está hablando, nos toca, probablemente desconfiaremos, porque esta práctica no está «bien vista».

Gestos

En la vida real, un pequeño gesto puede decir mucho. Siempre recuerdo la ocasión en que, trabajando en Milán, me fui de *storecheck*[8] a Nápoles. Me recogió en el aeropuerto Palli, el vendedor de esa zona, y pasamos todo el día visitando tiendas y compradores. Hubo un comprador

8. Práctica habitual entre los miembros del equipo de marketing. Consiste en «salir de tiendas» por una zona determinada acompañados por el vendedor de esa zona. El objetivo es conocer clientes, presenciar negociaciones y visitar puntos de venta, para observar la disposición de los productos en el lineal, observar hábitos de compra de los consumidores, y, en definitiva, tener un contacto con la realidad de la venta.

que me impactó especialmente. Era el dueño de un almacén mayorista. Palli me contó por el camino cómo muchas familias de mayoristas —*grossisti*— estaban enfrentadas entre sí y cómo el soborno, la amenaza, e incluso en algún caso el asesinato formaban parte de sus prácticas habituales. Al despedirnos de ese cliente, el comprador, mirando fijamente a Palli, le cogió la solapa derecha con su mano y la acarició lentamente diciendo: «*Digli al tuo capo di stare calmo, eh?*» Fue un simple gesto, muy suave, y su voz sonó como un susurro, pero el aire se tornó de pronto irrespirable. Palli sintió claramente la amenaza, su rostro se endureció. Fue un gesto casi imperceptible, pero yo también pude sentir la presión. Lo único que recuerdo fueron las ganas que me entraron de salir de allí por piernas y llamar a mi madre. A la salida me contó que ese cliente se había separado de su otro *fratello*, también mayorista, y sabía que aquél recibía mejores tarifas por parte de nuestra empresa, lo cual era intolerable según su código de honor.

Nos olvidamos, al hablar, de la importancia de los gestos como símbolos. En ocasiones un gesto puede ser muy significativo y comunicar mucho más que un discurso de dos horas. Bill Clinton cuenta en su biografía la tensión ante el encuentro entre Arafat y Rabin el 13 de septiembre del 2003. La Casa Blanca había congregado a 2.500 personas para presenciar la firma del acuerdo de South Lawn entre el líder israelita y el palestino. La gran pregunta que reinaba en el aire era si se iban a dar la mano. Clinton cuenta que Arafat quería hacerlo, pero Yitzhak Rabin había dicho, antes de llegar a Washington, que no tenía intención de realizar tal gesto. Cuando Rabin llegó a la Casa Blanca, Clinton le dijo que si de verdad quería la paz, tenía que tenderle su mano a Arafat, «pues era lo que todo el mundo estaba esperando». Rabin le contestó: «Está bien, está bien. Pero nada de besos» (se refería al tradicional saludo árabe del beso en la mejilla). Cuenta Clinton que finalmente se dieron la mano y todo el público al unísono dio un suspiro seguido de un fuerte aplauso. ¿Es curioso, no? Dos grandes líderes, un conflicto de una gran complejidad política e histórica... pero, por encima de todo, dos personas que deben demostrar un gesto de simpatía la una por la otra. Un simple gesto y todo toma otro cariz.

El político Alfonso Guerra cita en su biografía una anécdota sobre un gesto suyo que, al parecer, realizaba con frecuencia sin él ser consciente, y que tenía consecuencias insospechadas entre sus interlocutores. Lo cuenta así:

> «En política he comprobado que las imágenes creadas —reales o inventadas— poseen una fuerza mayor que las actitudes de las personas. En una ocasión descubrí que, de forma totalmente inconsciente para mí, algunas personas interpretaban mis "deseos" por elementos de referencia que yo ni siquiera conocía. (...) En una entrevista (...) mi interlocutor, de forma inesperada, se puso en pie y se despidió. Lo comenté con mi secretario (...) que me preguntó de inmediato: "¿Te quitaste las gafas?" "¿Qué quieres decir?", le pregunté a mi vez. Su respuesta me dejó desconcertado y atónito: "La gente interpreta que cuando te quitas las gafas el tiempo de la entrevista ha terminado".»

En teatro, al igual que en la vida real, cada gesto es importante. Cuando un actor sale a escena a improvisar, es muy tentador apoyarse en el uso de objetos inexistentes (llamar por teléfono, beber de un vaso, leer documentos...). Sin embargo, es peligroso hacerlo, a menos que se tenga experiencia como mimo en el trabajo de imaginar y manipular elementos. Tomar una taza de té inexistente requiere preparación, puedes dedicar horas a aprender a hacerlo, para que tus gestos tengan un sentido, reproduzcan ese objeto sin verlo. No es algo que se deba tomar a la ligera.

Cuerpo en movimiento

Para entender cómo el cuerpo aporta presencia escénica, planteo un sencillo ejercicio. Estos ejercicios deben realizarse tranquilamente, en casa, un día que se disponga de un rato libre. Imagino que llevo un peso en la espalda, que corro, que me caigo o que salto. Para un actor profesional, el simple hecho de imaginar estos actos le produce automáticamente una alteración del equilibrio. Sin embargo, si un no actor imagina lo citado, habrá observado que normalmente su equilibrio no se ve alterado. Para un no actor el hecho de imaginar se produce casi exclusivamente a nivel mental. Invito al lector a que repita este ejercicio, pero tratando esta vez de que el acto de imaginar tenga consecuencias a nivel físico, aunque sean muy pequeñas. Le incito a mover, aunque sea mínimamente, su cuerpo.

También en casa se pueden realizar ejercicios para tomar conciencia de las distintas partes del cuerpo. Por ejemplo, caminar por una sala o una habitación sin rumbo, cambiando la velocidad, como si alguien tirara de una parte del cuerpo. Cada vez se elige una parte distinta (brazo, mano, rodilla, codo, cadera, cabeza, talones, punta de los pies, hombros...) y se camina unos pasos como si en ese brazo o esa cadera tuviéramos un hilo que tirara de nosotros. Observaremos que cada parte impone un ritmo, una velocidad (si caminas con el codo izquierdo tiendes a girar hacia ese lado; con la nariz vas más deprisa; con las caderas uno camina como si fuera un modelo que desfilara por una pasarela...)

El objetivo de estos ejercicios es desentumecer el cuerpo para sacar partido a nuestra capacidad de expresión. Eso puede permitirnos, cuando estemos enfadados, transmitirlo con todo nuestro ser; cuando debamos quejarnos, que sólo con la postura de mi cuerpo el público lo perciba; si estoy decepcionado, que mi tronco se amolde a esa circunstancia. En definitiva, explorar las infinitas posibilidades de expresión que mi cuerpo me proporciona y que normalmente no utilizo en mi comunicación cotidiana. Los latinos somos muy conversadores, y por lo general no tenemos problemas para hablar, más bien al contrario, nos pisamos la palabra, pero lo que muchos no hacen es moverse. Todo se limita a la lengua y, en ocasiones, también a las manos. A veces veo directivos discutir en reuniones y me dan ganas de preguntarles: «¿Eres cojo o manco tal vez? Porque no veo que uses los brazos ni piernas, y me pregunto por qué los limitas en sus funciones». Nos sorprendería saber lo que podemos llegar a transmitir sólo con alzar un brazo en un momento dado o inclinar el cuerpo hacia delante en la silla durante una negociación.

Yo misma experimenté la importancia de la expresividad corporal en la representación de *Roberto Zucco*, de Bernard Marie Koltés. Interpretaba dos papeles: la mujer elegante, esnob, que se enamora del asesino, y la madre de la novia del asesino, de clase baja, ignorante, ama de casa. Tengo un físico bastante marcado, del que no puedo esconderme fácilmente, para bien y para mal, pues mido 1,80 m y peso 60 kgs. Carecíamos de grandes medios para caracterizarnos, así que la transformación se operó en términos de vestuario, unos toques de maquillaje y con el peinado, pues la madre llevaba moño y la señora elegante el pelo suelto. Lo que de verdad cambió fue mi actitud, mi postura, el modo de sentarme, de andar, mi voz y lo que yo pensaba. Cuando entraba en escena como señora elegante sacaba mi yo más arrogante, caminaba y me movía sintiéndome dueña de la escena. Cuando hacía el papel de la madre me veía pequeña y desgraciada, sentía que no dominaba la situación, que yo sólo era un elemento más de la escena. Eso me hacía caminar encorvada, arrastrando los pies, encogiendo los hombros y ocultando mis manos en mi roñoso delantal. Tras la obra fuimos a tomar algo con varios actores compañeros y un grupo de amigos de los mismos a los que yo no conocía. Todos, muy amablemente, nos felicitaron por nuestras actuaciones. A mí me felicitaron por mi papel de señora elegante. Al final de la velada alguien preguntó: «Y la que hacía de madre, ¿quién era?» Ninguno de los amigos supo contestar, pues no la conocían. Todos los actores nos miramos y rompimos a reír: no se habían dado cuenta de que la tenían delante.

Lo mejor de todo esto es que cualquiera puede intentarlo. No hay que tener miedo. Se pueden probar distintos movimientos, ir probando para descubrir qué nos sirve y qué no, e introducir cambios en los movimientos de nuestro cuerpo y ver qué efecto provocan en nuestro interlocutor. El próximo día que tengamos que pedir algo importante a nuestro jefe, si la discusión no va por donde queremos, quizás en un momento dado probemos a levantarnos, sólo un momento, y ver qué pasa. No deben ser nunca cambios radicales, sólo pequeñas modificaciones, a veces incluso imperceptibles para una audiencia poco conocida, pero que al actor le supongan un cambio de actitud.

El equilibrio inestable

Pierre Very, uno de los discípulos de Marcel Marceau,[9] contaba cómo en una aparición en escena de escasos segundos, en la que no debía hacer ni decir nada, intentaba mostrar la máxima presencia escénica. En esa ocasión decía que la única alternativa era tornar su postura lo más viva posible. Para ello se concentraba en mantener un *equilibrio inestable*. De este modo, su inmovilidad pasaba de ser estática a dinámica. Al verse obliga-

9. Marcel Marceau, mimo francés nacido en 1923, considerado uno de los mejores del mundo.

do a reducirse a lo esencial, descubría lo esencial en la alteración del equilibrio. Es decir, buscaba una postura que alterase su equilibrio, aunque sólo él lo notara, pues eso le hacía ser más consciente de su cuerpo. Y, por ende, si él era más consciente, también lo sería el público.

Esa conciencia corporal raras veces se traslada a la comunicación en el ámbito empresarial. Los ejecutivos no son conscientes de su cuerpo, y como no lo son, difícilmente pueden utilizarlo como elemento comunicador. Propongo al lector que intente buscar, en su vida cotidiana, ese punto de equilibrio inestable que le haga ser consciente de su cuerpo. Puede ser cualquier postura: desde cruzar las piernas de un modo inusual, a separar un brazo del cuerpo... no tiene que ser algo perceptible para el interlocutor, es suficiente que lo sea para el emisor. Si con esa postura el emisor es más consciente de su cuerpo, seguro que reforzará su presencia escénica y el receptor lo notará.

¿Qué puede extraer un ejecutivo de todo esto? La implicación del cuerpo. No tenemos por qué dejar nuestro cuerpo fuera de nuestra comunicación, no debemos comunicarnos a pesar de nuestro cuerpo, éste debe estar implicado.

Un ejercicio ilustra muy claramente este concepto. Se trata de una improvisación en la que un actor realiza una acción física clara y, al mismo tiempo, le ocurren cosas en el aspecto emocional que se ven influenciadas por esa acción física. Por ejemplo, salen a escena dos actores, Lola y Juan, que son pareja sentimental y viven juntos. Lola está planchando con energía y tiene como premisa que, pase lo que pase en escena, no puede dejar de planchar. Llega Juan a casa y le anuncia que se quiere separar. Lola debe seguir planchando y, al mismo tiempo, tratar de convencer y retener a Juan, pero como no puede dejar de planchar su cuerpo se implica claramente en el desarrollo de la escena, y acaba influyendo en la resolución de la misma. Es decir, Lola mantiene un «equilibrio inestable», lo cual la obliga a involucrar su cuerpo en la comunicación. Si se repite la situación pero sin plancha, normalmente la escena se resuelve de un modo distinto, puesto que a Lola le influye la posición de su cuerpo en las palabras que se le ocurren.

Sé que este concepto puede parecer un tanto abstracto, pero ante la evidencia de que tenemos un cuerpo y que debemos *llevarlo con nosotros* a la reunión o la entrevista podemos intentar que aporte su granito de arena, que nos ayude a estar más presentes, que refuerce nuestra presencia. Muchas veces oímos decir de alguien que tiene presencia, incluso que su mera presencia impone. Es algo que no tiene nada que ver con el atractivo físico, con el modo de vestir ni siquiera con la elegancia. Es una actitud del cuerpo, es un modo de dejar que nuestro cuerpo diga «estoy aquí, no soy ajeno a lo que me rodea». Es un primer paso hacia la comunicación emocional, porque somos cuerpo, mente y espíritu y no podemos empezar olvidando el primer escalón.

LA PAUSA

«Manejar la pausa es más difícil que manejar la palabra.»

GEORGES CLEMENCEAU
político y periodista francés, 1841-1929

«El que sabe hablar, sabe también cuándo.»

ARQUÍMEDES DE SIRACUSA
matemático; hizo grandes aportaciones en geometría, física y mecánica, 287-212 a.C.

La pausa es el tiempo que se puede tomar el actor antes de dar su réplica. La pausa provoca una intensidad en la escena. No hay que hacer un uso exagerado de la misma, pero podemos servirnos de ella siempre que seamos conscientes, siempre que esté llena de sentido y actuada por completo. Muchas personas, cuando están nerviosas, hablan sin parar, para no tener que soportar su silencio. Sin embargo, introducir pausas o permanecer callados es un signo de fortaleza, y no de debilidad, pues se demuestra que se controla la situación ante un público expectante. Una pausa antes de una afirmación o una conclusión sirve para aumentar el interés en lo que sigue, o bien, después de una aseveración, da peso a lo que acabamos de decir.

Hay una obra del Teatro del absurdo que para mí tiene un significado especial. La he escenificado en varias ocasiones, interpretando a la señora Smith, y su texto siempre me acompaña, y sigue haciéndome gracia después de tantos años. Se trata de *La cantante calva* de Ionesco, y su primera escena ilustra el concepto de pausa. El señor y la señora Smith, un matrimonio burgués de mediana edad, están sentados en su salón, él lee el periódico y ella hace punto de cruz. De repente ella empieza a hablar, se supone que con su marido, pero en seguida nos damos cuenta de que es un monólogo, su marido lee sin prestarle atención. Ella nos suelta una perorata sobre la cena de esa noche. Dice: «¡Vaya, son las nueve! Hemos cenado sopa, pescado, patatas con tocino y ensalada inglesa. Los niños han bebido agua inglesa. Hemos cenado bien esta noche». Para concluir hace una pausa, deja su costura, mira al público fijamente, respira y, con mucho aplomo, al fin añade: «Eso es porque vivimos en los alrededores de Londres y nos llamamos Smith». Obviamente, el público rompe a reír. A partir de ahí, toda la obra es un cúmulo de absurdos que producen una hilaridad en cadena. Ese primer silencio es determinante. En las primeras líneas simplemente presenciamos a una ama de casa que habla de temas bastante aburridos. Pero cuando se para como si fuera a decir algo crucial, algo que diera sentido a todo su discurso, y al cabo de unos 7 segundos (lo cual es una larga pausa escénica) nos suelta, con expresión seria, que la razón por la que han cenado bien es porque viven cerca de Londres y se llaman Smith, entonces se nos rompen todos los esquemas. Esa pausa marca el ritmo de todo lo que vendrá a continuación. Si hubiera dicho la misma frase sin esperar, no tendría el mismo efecto, podría incluso perderse la carga cómica.

Hay auténticos «maestros de la pausa», gente que sabe de verdad cómo crear suspense cuando deben comunicar algo. Tuve un jefe, Bart, un holandés sagaz de ojos de pantera, muy inteligente, que no perdía el tiempo. Dirigía una empresa muy activa; continuamente estábamos lanzando productos nuevos, *flankers*, cambios de formato, promociones... Así que con frecuencia nos reuníamos con Bart para presentarle nuestras propuestas. Cuando el *brand manager* de turno hablaba, él escuchaba, asentía con la cabeza. Cuando había acabado, Bart respiraba profundamente, se tomaba unos tres segundos, le miraba fijamente, empujaba hacia atrás el respaldo de su asiento con su espalda y después se adelantaba para decir: «*¡Next!*», lo cual significaba que no le había gustado, que el BM tenía que trabajar más su propuesta, o bien «*Go ahead*», con lo cual le daba su bendición.

Hay que medir cuándo utilizar la pausa. En ese caso, el tema era crucial: si Bart tumbaba un proyecto, representaba tirar por tierra días de trabajo. Y si lo apoyaba, podía suponer una inversión económica importante para tu marca. Lo que un directivo que se precie no puede hacer es reunir a su gente y decirles: «Tengo algo que comunicaros»... hacer una pausa —ante la cual sus colaboradores probablemente harán cábalas sobre lo que va a venir a continuación— y después soltar algo insustancial. No se pueden levantar falsas expectativas para nada, pues confundimos a nuestros interlocutores. La pausa tiene un valor, cuando se utiliza bien.

Para entender la importancia de la pausa puedo hacer una prueba. Le pido a un compañero que me haga una pregunta y tardo el mayor tiempo posible en contestar. Como es sabido, la percepción del paso del tiempo es relativa, y suele ocurrir que una pausa que para el actor en escena se hace eterna, al público se le antoja casi imperceptible. Si deseamos comprobarlo, antes de contestar a esa pregunta, me cronometro con un reloj con segundera cuánto aguanto sin hablar. Acostumbramos a durar dos segundos, tres como mucho, y los más osados, cuatro. Es como si nos diera miedo no hablar. No nos damos cuenta de que callados también comunicamos. Depende sólo de la intención que demos a la pausa. Debo justificar mi pausa para que el público entienda por qué no hablo, y esté expectante ante lo que voy a decir. No es tan difícil; todo está en la intención.

No hay que tener miedo a estar callados, no debemos pensar que los demás se van a impacientar. En principio están ahí para escucharnos, y si no lo hacemos, aumentaremos el interés y el público nos mirará atentamente hasta que lo hagamos.

Para forzar más la actuación de la pausa propongo al lector que la pregunta formulada sea banal, del tipo: «¿Vienes a comer?» Una pregunta sencilla nos obliga a imaginar, a utilizar recursos gestuales inusuales y nos hace ser conscientes del paso del tiempo en escena. Si la pregunta es más profunda, como «¿Por qué me dejaste?», el actor encuentra fácilmente la justificación o la actuación de esa pausa: puede simplemente echarse a llorar o poner cara de pena y mirar al infinito. Pero si la pregunta es «¿Dónde has dejado tu coche?» y el actor no puede contestar de inmediato, deberá esforzarse un poquito más.

Puede que empiece a moverse, nervioso, que se ponga la mano en la frente, después se rasque la barbilla y acabe por dar una palmada en su rodilla. En todo ese rato nos está diciendo mucho, y podemos seguir lo que está pensando sin necesidad de que medie palabra.

Obviamente, esto es una exageración, pero permite entender que no se debe subestimar la pausa, pues en su justa medida puede ser muy útil para comunicarse... sin hablar. Es, además, una herramienta muy fácil de manejar en la práctica. Bastará elegir en qué situación —esa negociación con el comprador de una gran superficie, la presentación de un nuevo lanzamiento o antes de revelar los datos clave al equipo de ventas— deseamos ejercitarla.

EL SILENCIO

«El silencio es el gran arte de la conversación.»

WILLIAM HAZLITT
ensayista y crítico literario británico, 1778-1830

«No rompas el silencio si no es para mejorarlo.»

Proverbio chino

El silencio, a diferencia de la pausa, es el tiempo en el que un actor no habla, bien porque está hablando otro o porque la situación no lo requiere. En ese tiempo el actor no puede limitarse a esperar que le toque decir su parte, sino que debe seguir actuando. ¿Se imaginan a un actor que, mientras su compañero da la réplica, se cruzara de brazos y diera pataditas con la punta del pie en el suelo, con cara de «¡a ver cuándo acaba éste!»?

Un buen ejemplo de silencios muy comunicativos lo encontramos en la película *Lost in translation*, de Sofía Coppola. Es una historia maravillosa y romántica de dos seres que se encuentran en un espacio neutro, lejos de sus respectivos mundos, y conectan, aunque saben que no pueden apearse de sus vidas. Es la historia de *lo que pudo haber sido y no fue*. Lo que más me gusta de esta película es justamente lo que no se dicen. Los momentos más poéticos y que más transmiten son los silencios entre Scarlett Johansson y Bill Murray, la pareja protagonista.

También en teatro hay muchos ejemplos de silencios memorables, como en la obra *Yvona, princesa de Borgoña*, de Witold Gombrowicz. El papel sobre el que gira toda la trama, la plebeya Yvona, apenas tiene dos líneas de diálogo hablado en toda la obra. Sin embargo, está presente en muchas escenas y es el tema central de la pieza, pues es una individua extraña que perturba la armonía del grupo y no se integra en la corte. Su silencio se hace tan irritante a lo largo de la obra y al final el rey y todo su séquito están tan exaltados... que deciden matarla. Yvona genera ese malestar sin mediar palabra, con una presencia irrefutable.

Para exponer con claridad el concepto, sirva un ejemplo de improvisación del silencio frecuente en cualquier escuela de teatro. Salen a escena dos actores, Javi y Luis.

Improvisan una escena en la que asumen el papel de dos compañeros de trabajo que ayer tuvieron una cena de empresa. Luis bebió más de la cuenta y se excedió en sus comentarios y actuaciones ante el jefe, hasta el punto de que su puesto de trabajo peligra. Él apenas recuerda nada de lo sucedido, tan sólo constata que tiene una monumental resaca. Javi lo recuerda todo, y está preocupado por Luis. Introducimos un condicionante a la actuación de Luis: sólo Javi puede hablar en escena, Luis debe escuchar. Javi le debe pegar la bronca a Luis por su comportamiento la noche anterior, recordándole los numeritos que montó, haciéndole primero sonrojar y después preocupar. Luis escucha en silencio, pero manteniendo un diálogo mental con Javi. En este diálogo interior Luis se justifica, se enfada, comprende, y escucha atentamente al otro como en una verdadera conversación. Si lo hace bien, si ejercita realmente su silencio, el público sentirá que Luis está hablando con Javi sin necesidad de utilizar palabras.

El actor no puede dejar de actuar nunca mientras esté en escena. Algo parecido podemos hacer en la vida real: actuar el silencio.

Siempre que en una reunión o presentación no nos toque hablar, deberemos en cualquier caso seguir atentos y que nuestra escucha transmita algo: la emoción que nosotros elijamos. Puede ser una emoción positiva, si deseamos transmitir al emisor que nos complace escucharle, o bien todo lo contrario, podemos desaprobar o dudar de lo que oímos y que nuestro modo de escuchar lo refleje. En cualquier caso, aprovechemos ese rato de escucha para seguir comunicando, para estar presentes.

Es frustrante sentir que no te escuchan. Para la presentación del lanzamiento de una fragancia a la prensa de belleza y moda, convocamos a las periodistas en un elegante restaurante. La charla era a la una de la tarde y después íbamos a comer en un salón privado del restaurante. Estaba hablando un compañero y me senté en una esquina de la segunda fila. Tenía delante a una de las periodistas y observé que, libreta en mano, no paraba de tomar apuntes. Me alegró comprobar su interés por el producto e hice algo que —lo reconozco— no es correcto, pero la curiosidad me pudo. Me adelanté para otear por encima de su hombro qué estaba apuntando, quería saber qué era importante para ella de esa marca, porque así podía aprender algo para mejorar nuestras presentaciones. Cuál no fue mi sorpresa al leer: «Tintorería, traje rojo. Recoger fundas. Llamar Tere, no cena. Etc...» ¡Estaba anotando una lista de recados pendientes! ¡Y lo hacía sentada en primera fila! Recé para que mi compañero no lo notara, pues evidentemente eso le habría desconcentrado. Al acabar me confesó que se había dado cuenta de que aquella periodista no lo escuchaba, pero sólo al final, cuando le faltaban dos *slides*, y optó por mirar a las filas centrales. En cualquier caso, la desfachatez de esa señora fue espectacular. Entiendo que no le apeteciera escuchar, pero no fue consciente de que su actitud podía haber afectado el devenir de la presentación, poner nervioso a mi compañero. Lo menos que podía haber hecho era disimular o, si tenía que hacer esa lista, sentarse en la última fila.

Seguro que en ocasiones hemos experimentado cómo, en una presentación, nos dirigimos preferentemente a aquellos que muestran cara de estar más atentos y, por tanto, más interesados. Sólo por cómo nos miran, ya nos dan su opinión. Alguien dijo: «Los ojos son el punto donde se mezclan alma y cuerpo». ¡Qué gran verdad! No se trata de ir de Matahari por la vida, pero sí ser conscientes del poder de nuestra mirada. Incluso cómo nos sentamos dice mucho de nosotros. Es tremendo, cuando uno habla, tener delante al típico personaje que se cuelga de la silla, con las piernas estiradas, y toda la espalda curvada, apoyando la cabeza en el respaldo. A parte de ser malísimo para la espalda —del receptor, no del emisor, se entiende—, al ver a un sujeto así delante de nosotros dan ganas de recoger los bártulos y salir corriendo. Y cómo nos irrita aquel que mientras hablamos no nos mira, pone cara de aburrido, resopla o simplemente está pintarrajeando en su libreta. No habla, ni falta que hace. Su modo de escuchar comunica lo que piensa de nuestro discurso.

Desde nuestro papel aparentemente pasivo de receptores podemos hacer mucho por mejorar el ambiente de una reunión o presentación.

Antes de avanzar un paso más en esta iniciación al mundo de la actuación aplicado a la empresa, me gustaría hacer una puntualización sobre el tema que hemos visto en este capítulo. El lector quizá piense que devalúo la importancia del contenido de una comunicación frente a la forma. No es ésa mi intención. El contenido es vital, es el auténtico motor de cualquier comunicación. Pero, simplemente, no es el tema que nos ocupa ahora. Mi cometido es centrar la atención en el continente o, mejor, en el medio conductor de la comunicación, todo ese potencial de expresividad que se desaprovecha. Los ejercicios que hemos visto en este capítulo van encaminados a hacer aflorar los recursos de expresión. En todos ellos, ante la imposibilidad del texto, nos vemos obligados a buscar otros modos de expresarnos, y debemos buscar en nuestro cuerpo, en nuestros brazos, en el rostro, los ojos y la voz herramientas para transmitir lo que deseamos. Si uno dispone de un texto que comunicar —sea éste aprendido o no, sea largo o corto—, se agarra a él como clavo ardiendo. Sólo ante la ausencia de texto o ante la imposibilidad de hablar se agudiza el ingenio de la expresión, y uno puede descubrir en sí mismo un potencial de comunicación expresiva que desconocía.

Ése es un primer escalón para soltarse. Ahora podemos dar un paso más y entrar a trabajar con las emociones.

REGLAS DE ORO DE LA EXPRESIVIDAD DE CUERPO Y ROSTRO

- El cuerpo es un elemento más de nuestra comunicación. Ésta no debe limitarse a las palabras; nuestro cuerpo, la expresión de nuestro rostro, la mirada, el movimiento de nuestros brazos y piernas, etc., son transmisores de mensajes también.
- El dominio de la pausa en escena es una señal de fortaleza. La pausa justificada es una herramienta de comunicación, al igual que el lenguaje hablado.
- Cuando en un acto de comunicación debemos estar en silencio, también comunicamos. El modo en que escuchamos puede transmitir muy distintos mensajes.

6

Acto II: El otro. El público y los demás actores

«Lo mejor que uno tiene en la escena es el otro.»

JORGE EINES
catedrático de interpretación argentino, 1949

En la mayoría de las improvisaciones que he trabajado, como alumna o como profesora, se plantean situaciones conflictivas (el jefe que acusa a su asistente de haber utilizado su Visa para gastos personales, el director que debe despedir al jefe de ventas por no haber cumplido objetivos...) para provocar discusiones más o menos acaloradas. Si las realizan no actores, las improvisaciones suelen empezar con comedimiento, como probablemente se comportarían en la vida real. Los actores, no obstante, acostumbran a optar por posturas más radicales desde el principio, que les permitan explorar comportamientos más extremos. Lo hacen pues saben que en escena es aconsejable no ser tan buenos y se puede aprovechar para ser todo lo malos que no seríamos en la vida real. En teatro es mucho más interesante ser malo; los personajes bondadosos no dan juego, los malvados, sí, e interesan mucho más a la audiencia.

No se pretende con esto que el actor se ejercite en la maldad, sino que explore sus capacidades en dos aspectos: a) en el físico, para indagar en la capacidad expresiva de su cuerpo y de su rostro, y b) en un aspecto más mental, para investigar en las reacciones «del otro» a su acción. Entramos en el segundo acto. Es el nudo de la obra, parte crucial de la misma: los otros.

ESCUCHAR AL OTRO

«Para saber hablar es preciso saber escuchar.»

PLUTARCO
historiador y filósofo griego, 125-50 a.C.

Cuando un actor sube a un escenario está concentrado en su papel, en el texto que debe decir y en cómo se debe mover. Pero no puede olvidar que su papel forma parte de una obra y debe seguir el ritmo de la misma. Para ello es básico escuchar a los demás actores. El actor no puede limitarse a *esperar* que le toque hablar, debe estar muy pendiente de lo que sucede en escena, porque a veces deberá introducir modificaciones en el texto ensayado. En escena te puede pasar de todo, como en la vida. Sirva de ejemplo esta pequeña anécdota sobre el diferente modo de escuchar de dos veteranas actrices de la escena española. Hace años acudí a ver *Frank V*, de Friedrich Dürrenmatt, dirigida por Mario Gas en el María Guerrero. Me invitó una amiga, a su vez amiga de la protagonista del espectáculo, Emma Penella. Me gustó muchísimo. Era una crítica mordaz al sistema capitalista, con una escenografía impactante y un elenco de actores brillantísimos. Al finalizar la obra tomamos una copa en el bar del teatro con la actriz. Nos contó cómo, en cierto momento de la representación, se había sentido descolocada porque su compañera de escena, M.ª Luisa Ponte, había cambiado la réplica. Se trataba de una escena muy graciosa, en la que la Ponte rememoraba una estancia en Río de Janeiro. Debía decir «¡Oh, Río, Río¡» con un aire a lo Gloria Swanson, y el público se destornillaba. Así que a veces decía «Río» dos veces, pero a veces tres y hasta cuatro, dependía de lo que se dejara llevar por el momento. A mí, como espectadora, la Ponte me pareció muy cómica y la Penella, fantástica. Es comprensible que la una se embriagara, el calor del público es muy tentador, pero a la otra no le hacía tanta gracia; debía darle la réplica y no sabía nunca cuándo debía entrar. La Penella debía estar pendiente de la cadencia de la Ponte e improvisar su entrada. Por suerte, la Penella estaba muy atenta, escuchaba con toda su alma, así podía adaptar su entrada a los cambios que la Ponte introducía.

Cuando un directivo debe comunicar un mensaje y sube al escenario (un despacho, una tienda o un estrado), suele llevar en mente las dos o tres cosas que quiere decir al otro actor o al amplio público, más uno o dos rasgos de cómo va a comportarse —qué papel va a asumir— en la escena. Pero eso no basta. Es necesario escuchar a los compañeros o actores, e incorporar en el discurso propio lo que el otro les dice. Es importante ejercitarse en el escuchar a los demás y adaptarse en consecuencia. ¡Qué importante es ser flexible, y cuánto nos cuesta! Para el grupo que está sentado y hace las veces de público resulta evidente a veces la necesidad de adaptación del discurso del que está hablando. Pero, como siempre, ¡qué fácil es decirlo y qué difícil hacerlo!

Si uno tiene ganas de escuchar al resto de actores, mantendrá en escena una actitud abierta. Eso hará que note cualquier cambio y pueda adaptarse al mismo. Como hacen los pianistas cuando dan un concierto. No hay dos pianos que suenen igual; ésa es una dificultad añadida que tiene el pianista frente al violoncelista, el acordeonista o el guitarrista. Todos estos músicos pueden llevar sus instrumentos consigo, el pianista no. Excepto Glenn Gould[10] —que siempre transportaba consigo su propio piano, de una parte a otra del mundo, pues no quería tocar con ningún otro—, la mayoría de concertistas deben adaptarse *in situ* a las características de cada piano. Ésa es la genialidad del pianista, su habilidad para amoldar su arte a las circunstancias de cada escena.

Quien escucha activamente puede cambiar la escena. Esto no es nuevo, aunque sí el modo de ponerlo en práctica. Lo explica con detalle Rafael Echevarría en su libro

10. Niño prodigio, compositor y gran pianista canadiense (1932-1982).

Ontología del lenguaje. El lenguaje es generativo, tanto las palabras como el modo de escucharlas cambian las verdades, generan nuevas verdades, nada es absoluto. La escucha activa transforma la realidad. Los grandes actores, los grandes creadores, son también grandes interlocutores.

Si cuando subimos al escenario preservamos nuestro discurso en un compartimento estanco, lo matamos, marchitará sin remedio. Aunque nos sepamos de memoria aquello que tenemos que decir y hayamos ensayado, hay que estar abierto a la reacción del otro. Observar a mi auditorio y, por tanto, escuchar lo que me decían sus rostros me salvó del fracaso en cierta ocasión. Era la reunión anual de ventas de Coty Lancaster y todos los de marketing presentábamos nuestros lanzamientos para la siguiente temporada. Era mi segundo año en la filial de España y el año anterior no había desarrollado ningún lanzamiento. El plan de marketing se define en julio, y por esas fechas yo trabajaba en la filial del grupo en Milán y debía preparar y presentar mis lanzamientos al equipo de ventas italiano. Empecé a trabajar con el equipo de Barcelona el primero de septiembre, cuando ya se había cerrado el plan de marketing anual y, por tanto, ya se habían repartido los proyectos para posibles nuevas fragancias entre el resto de *brand managers* del departamento. Así que ése era mi gran día; llevaba ya más de un año en la filial, había vivido otra presentación anual en la que no intervine y por fin la fuerza comercial iba a conocer el fruto de mi trabajo. Presentaba ante todo el equipo de ventas —unas 200 personas, entre jefes de área, vendedores, demostradoras y vendedoras de El Corte Inglés— el lanzamiento de una fragancia masculina. Mi jefe subió primero al estrado y dijo: «Os presento a Mercedes Segura. Hoy viene a presentaros nuestra nueva fragancia masculina, que seguro que os va a encantar. Quizás algunos no la conozcáis; el año pasado no presentó ninguna fragancia porque no tuvo tiempo». Cuando oí aquello creí morirme... ¡«porque no tuvo tiempo»! Podía interpretarse que yo era más lenta que los demás o menos cualificada, pues me incorporé el primero de septiembre y los vendedores no tenían por qué saber que el plan estratégico donde se definía el portafolio de productos para el año siguiente se cerraba en julio. Mientras subía al estrado observaba las caras de los vendedores de las primeras filas, ninguno reía, no les había parecido gracioso, simplemente querían conocer a ésa que al parecer necesitaba más tiempo que los demás para hacer su trabajo. Tenía mi lanzamiento aprendido de memoria, datos de mercado, posicionamiento de precio, concepto, *packaging*... pero mirando a los ojos de los asistentes, viendo con las pocas ganas que se disponían a escucharme, entendí que si dejaba pasar por alto aquel inoportuno comentario no importaría lo que les contara después. Así que empecé diciendo: «En realidad sí que he tenido tiempo, pero estaba ocupada haciendo otras cosas». Silencio sepulcral, y de repente una gran carcajada... ¡Uf! Menos mal, habían entendido la broma. Acto seguido añadí: «Os seré sincera, esto ha sido como el juego de las sillas. Llegué dos semanas tarde porque estaba lanzando un detergente en Italia, y cuando me di cuenta las colonias estaban todas repartidas». Hubo más risas, y a partir de ahí todo fue sobre ruedas.

INTUIR LOS DESEOS DEL OTRO

«Lo importante no es escuchar lo que se dice,
sino averiguar lo que se piensa.»

JUAN DONOSO CORTÉS
escritor español, 1809-1853

Un paso más en la escucha o un elemento de sofisticación en la misma que exige mayor esfuerzo que escuchar al otro es adelantarnos a sus deseos, intentar leer su mente. Es como jugar a ser adivino... pero con truco.

¡Qué agradable es sentir que tu opinión se tiene en cuenta! Pensemos en cualquier empresa de servicios con la que nos relacionemos, desde una agencia de viajes, la panadería de nuestro barrio, el bar donde desayunamos o ese restaurante «in» donde llevamos a nuestra novia para impresionarla. ¿A quién no le gusta ese *maître* que se interesa de verdad por tu paladar? Un *maître* que conoce tus gustos e incluso se adelanta a ellos porque ha observado cómo has dejado el primer plato o sabe lo que has elegido de segundo y te sugiere el postre más adecuado. Imaginemos que estamos en ese restaurante de moda y nos equivocamos en el segundo plato. Pedimos atún y resulta que es crudo, y nosotros odiamos el pescado crudo. El camarero se lo lleva sin rechistar, y eso nos molesta: «¿Ni siquiera se pregunta por qué no me he tomado su atún?» Pero si mientras estamos pensando en si nos lo cobrarán o no aparece el *maître* con aire de preocupación, la cosa cambia. Basta que nos pregunte el motivo de nuestra no apetencia y nos sentiremos bien, cuidados, queridos. Es muy fácil, basta estar atento a las señales que nos da el otro. No hay nada peor que un camarero que te pregunta «¿todo bien?» mientras va recogiendo y se está yendo de la mesa, porque en realidad no desea una respuesta, no está interesado en qué te ha parecido su servicio. O cuando te das de baja de una empresa de telefonía o de un gimnasio y ni te preguntan por qué. Si de verdad le importas a alguien o a una empresa lo notas. El emisor tiene muchos modos de descubrir si la comida ha sido de tu agrado, si el discurso es el adecuado, si el tono de voz es suficientemente alto, si ese chiste se ha entendido, si esa transparencia con tanto número interesa... simplemente observando.

Dicen que las mujeres somos más intuitivas, pero creo que cuanto más observa uno, más intuitivo se vuelve. Parte del papel del actor consiste en observar e intuir lo que desea el otro. Y la intuición se desarrolla con la práctica. Es suficiente estar atento, no dejar que tu discurso te envuelva hasta tal punto que sólo pienses en lo que tú debes decir y te olvides de la reacción de los demás a tus palabras. A veces te puedes ahorrar una parte de lo que pensabas decir, puede que percibas que lo que estás contando ya es conocido por tu interlocutor o no es de su agrado y seas capaz incluso de adaptarlo.

El observar la reacción del otro no tiene por qué ser físicamente. A veces el público no está en el mismo espacio físico que el emisor. Un directivo de un hospital de Barcelona que da cursos de gestión hospitalaria en la

UOC[11] me contaba cómo adapta el nivel de la clase en función del alumnado. Tiene dos filtros para intuir lo que sus alumnos necesitan. Cuando empieza el curso, antes de dar la primera clase magistral, les manda un caso práctico por *email* y, en función de cómo lo resuelven y de las preguntas que le hacen, sube o baja el nivel de su exposición. A mitad de curso mantienen un *chat* y nuevamente les hace una serie de preguntas en frío; así verifica si le siguen bien o si debe profundizar en algún aspecto.

Para tener clara la idea de escucha activa, en la que el emisor centra su mensaje en el receptor y se anula para focalizar el interés en la reacción del otro, podemos imaginar un estado extremo. Una situación en la que el emisor estaría más pendiente del efecto que sus palabras provocasen en el receptor que de sí mismo, por ejemplo: un amante perdidamente enamorado que implora a su pareja para no acabar con su relación, o un universitario que pide una convocatoria de gracia al decano de su Facultad para un examen suspendido. En ambos casos, los emisores de la comunicación tenderían a olvidarse de ellos mismos, no prestando atención a sus palabras y concentrándose en el receptor, porque de la reacción de éste dependería su futuro. Ésa es la idea.

11. Universitat Oberta de Catalunya, universidad pública a distancia de Cataluña.

TENER EN CUENTA AL PÚBLICO

«Conviene siempre esforzarse más en ser interesante que exacto; porque el espectador lo perdona todo menos el sopor.»

FRANÇOIS MARIE AROUET, VOLTAIRE
escritor y filósofo francés, 1694-1778

Para que haya teatro debe haber un público. Las obras que no se estrenan no son tales. El teatro no lo forman los actores cuando ensayan, sino esos mismos actores al representar el texto ante un grupo. Por ello el público es un pilar fundamental del acto teatral y, por ende, de cualquier acto comunicativo. Siegfried Melchinger, en su libro *El teatro desde Bernard Shaw hasta Bertolt Brecht*, explica claramente la importancia de la relación entre público y actores para que se produzca un acto teatral:

> «En la participación teatral los unos representan y los otros miran, pero la posibilidad del teatro como tal depende del impulso proveniente de una voluntad de cooperación en el juego escénico. En toda velada teatral el público coopera. Por eso ninguna representación es idéntica a la anterior o a la siguiente. La medida del éxito se determina por la mayor identificación alcanzada entre actor y espectador.»

Es cierto, ninguna representación es idéntica a la anterior. En el mundo empresarial, quienes pueden dar fe de ello son todos aquellos que se dedican a vender, ya sea en una empresa multinacional o familiar. Un vendedor, ante un comprador o grupo de compradores de un determinado cliente, sabe que cada presentación o negociación es única, y que dependerá de las reacciones de su público ante lo que él presente. Aunque su portafolio de productos sea idéntico y sus argumentos de ventas también, los interlocutores o el público influyen en el curso de la comunicación y, por tanto, de la negociación.

Por ello no debemos subestimar nunca al público. El tiempo del público es oro. En el caso del teatro, hacen importantes esfuerzos por llegar hasta allí: comprar las entradas con antelación, salir de casa con tiempo, aparcar, quizá contratar a una canguro para los hijos... a lo cual debe añadirse el coste económico. Lo que van a ver debe interesarles, tocar su corazón, o entretenerles, hacerles reflexionar, u olvidar... en definitiva, cumplir con sus expectativas. En la empresa, el valor del tiempo no se mide probablemente por el esfuerzo físico que hacen los receptores por estar ahí escuchando. Se mide por *lo que dejan de hacer*, es decir, por el coste de oportunidad de tus colaboradores, jefes, vendedores, clientes, etc... que se sientan y dedican su tiempo a escucharte en un momento dado, en vez de hacer otra cosa.

El tiempo es un factor a controlar por parte de los actores. Tanto en escena como en los ensayos. Tim Robbins habla en una entrevista reciente de cómo ha cambiado su percepción del valor del tiempo en un rodaje desde que es director. Lo cuenta así:

«Quince minutos son esenciales, pues te pueden permitir dos tomas más. Los actores que llegan tarde no sólo joden a los demás, sino que van contra su propia interpretación, que de ese modo tendrá menos tiempo para desarrollarse o corregirse. Desde que dirijo películas, siempre soy puntual, llego al plató con mi diálogo aprendido, trato de concentrarme al máximo y mi actitud respecto al director es: ¿Cómo te puedo ayudar?»

Robbins habla del cine, pero en teatro pasa lo mismo. Los actores que llegan tarde a los ensayos o se extienden excesivamente en sus repeticiones fastidian a los demás, restan tiempo para otras escenas. El control del tiempo es, ante todo, educación. En la empresa también hay ponentes que se exceden del tiempo previsto. Cuando viene un conferenciante a mi escuela suelo avisar tanto a los alumnos como al invitado del tiempo estipulado para la charla, en la que dejo siempre un margen de unos minutos para las preguntas. Si el ponente se excede en su parlamento, el tiempo de debate queda reducido o a veces eliminado, lo cual los participantes suelen lamentar. Es tarea del ponente acotar su discurso al tiempo disponible y, asimismo, un signo de respeto hacia su audiencia.

Otro punto sobre el que es necesario insistir, relacionado con el control del tiempo, es la necesidad de llevar la escena hacia un final. Parece fácil, pero muchas veces no se consigue. Para el público, que observa sentado, parecen obvios los momentos en que una escena en una obra de teatro o en una película se podrían acortar o suprimir, pero cuando estás actuando, esos momentos se te escapan. ¿Cuántas veces asistimos en nuestra empresa a reuniones que se hacen interminables? Sobre todo en aquellas multidepartamentales en las que la gente habla y habla y no hay manera de llegar a las conclusiones finales. Y ¿cuántas veces entramos en una tienda preguntando por un artículo que hemos visto en el escaparate y el vendedor nos explica los pormenores de toda la gama de productos? Hay que ser consciente de que el tiempo en escena es precioso y no puede malgastarse, pues el objetivo siempre es entretener al espectador, que le interese lo que le estamos contando. Hay que obligarse a encontrar un final, a hacer evolucionar la escena hacia una conclusión. Dicho final no debe ser abrupto, ilógico, sino evolutivo, consecuente con la actuación durante la escena. Les invito a que hagan la prueba en la próxima reunión que tengan (en su empresa, su comunidad de vecinos...) Intenten por un momento verla «desde fuera», cuestiónense si se está alargando demasiado, si podría ya «pasarse a la siguiente escena», y háganla evolucionar.

Esa regla es aplicable a cualquier escenario. Toda audiencia que nos dedique su tiempo, por breve que sea, merece un respeto. ¿Cuántas veces asistimos a una charla o un discurso que el ponente empieza con las palabras «seré breve»? Las más de las veces esa frase queda en una buena intención. Cuando en una ponencia oigo «seré breve», tiemblo. Es inútil decir al principio «seré breve», es mejor limitarse a serlo.

Una vez leí: «Si no respetas a la audiencia, no respetas el teatro». Lo tengo siempre presente. Se me puede criticar como actriz, buena, mala o regular, pero no por mi voluntad de servicio. Nunca olvido que quien tengo delante (sea en una obra de teatro o en una presentación de empresa) ha tenido la amabilidad de concederme su tiempo. Los ejecutivos deben también tenerlo presente. Antes de «salir a escena» hay que buscar un objetivo simple, y pensar primero si lo que se va a decir interesará a la audiencia.

Ya he hablado de la respiración y de la importancia de no quedarse sin aire cuando se habla durante bastante tiempo. Es necesario respirar con el abdomen para poder hacerlo prolongadamente, pero también para no lastimar las cuerdas vocales. Todo ello nos permitirá hablar alto y claro. Y hablar alto y claro es la primera señal para quien nos escucha de que nos interesa que nos entiendan bien. Es una muestra de respeto hacia nuestros interlocutores.

Con todo lo dicho no quisiera, sin embargo, transmitir preocupación al lector. Hay que salir a escena con confianza, pues en principio el público está siempre a favor de los actores. El público se sienta en su butaca predispuesto positivamente hacia lo que va a producirse en escena.

Con frecuencia he observado en distintas obras teatrales que la audiencia acepta cualquier cosa mientras no le den una razón de peso para no creerla. Fuera del escenario hay numerosos ejemplos de ello. Tú llegas a una fiesta y vas observando a los invitados. Entre ellos hay una mujer vestida de rojo, no es muy espectacular, ni siquiera es guapa, y la miras sin fijarte mucho, como al resto de invitados. Su actitud no te llama especialmente la atención. Pero, de repente, alguien te dice: «¿Ves esa mujer vestida de rojo? Es una Matahari, su *hobby* es coleccionar amantes». La mujer no se comporta de un modo particular, pero tú irremediablemente empezarás a mirarla con otros ojos; es tu percepción la que cambia, y te parece creíble esa historia. Sin quererlo, al observarla ahora leerás en sus gestos códigos de expresión distintos.

Esto sucede continuamente en el mundo empresarial. Tienes una entrevista con un directivo a quien no conoces y previamente te informas sobre él o ella. Si te dicen: «¿Fulanito? Es un *crack*, un as de los negocios, un tipo brillante», ya entras en la entrevista con un cierto respeto. Tus ojos verán lo que quieran ver y si te han dicho que es un *crack*, *a priori* verás un *crack*. Si no te dan una razón de peso para cambiar de idea, tú como espectador verás al actor que te han descrito, en este caso en el papel de «*crack* de los negocios».

De los actores dependerá que las expectativas del público se cumplan o no. Como colaboradora en una escuela de negocios trato con figuras del mundo empresarial convidados como ponentes. Todos ellos personajes conocidos en nuestro país, acostumbrados a hablar en público y ante los medios de comunicación. La escuela los invita para que compartan con los alumnos su experiencia. El tema de sus ponencias se consensúa de antemano. Me llama la atención las diferencias entre unos y otros en su modo de prepararse y abordar a la audiencia. Algunos me piden que les mande la lista de los alumnos para los que van a hablar, con empresa y cargo, e incluso, lista en mano, me hacen preguntas sobre el grupo antes de entrar en clase. Los participantes agradecen que un ponente empiece diciendo: «Sé que entre vosotros hay tres personas que trabajan en telecomunicaciones» o bien: «He visto que hay dos participantes de bancas extranjeras, que seguro podrán complementar lo que voy a exponer». Frases de este tipo al inicio despiertan la simpatía de la audiencia. Lo único necesario es tomarse unos minutos, no más, para repasar la lista de alumnos que se les pasa. En el extremo opuesto, hay oradores que no adaptan su discurso a su público o simplemente no le tienen en cuenta, pudiendo provocar alguna situación embarazosa. Una vez acudió invitado al programa de Dirección General un renombrado político de la transición española. Se trata de un personaje retirado de la vida política, pero que sigue siendo una referencia para los medios de comunicación y el gran público. Habló de Europa y de la actual situación en la Unión Europea. Se declaró abiertamente antieuropeísta. Y de todos los países de la UE, criticó duramente a Italia y su política económica y exterior. Por supuesto, había sido invitado para que diera su opinión, y lo interesante era el debate generado entre los alumnos que la compartían y los que no. Lo que no sabía el ponente era que entre los participantes había un italiano que trabajaba para una institución de la UE y que se sintió aludido por sus vehementes aseveraciones. Si hubiera revisado la procedencia de los alumnos antes de entrar en clase, habría podido identificar al supuesto «contrincante» y tenerlo especialmente en cuenta al tocar esos argumentos a los que podía ser más sensible.

En cualquier caso, éste es un pequeño ejemplo con consecuencias mínimas. En términos de empresa, hay casos de fallos por emisión de mensajes poco preparados más graves y con consecuencias económicas nada desdeñables. Hay anécdotas sobre multinacionales que han lanzado un producto en un mercado nuevo y, por no molestarse en conocer a su nuevo público, han cometido un error de traducción en el eslogan publicitario. Por ejemplo: Cuando American Airlines quiso promocionar los nuevos sillones de cuero de la primera clase en el mercado mexicano, tradujeron literalmente el eslogan de su campaña en Estados Unidos, «Fly in leather» por «Vuela en cueros». Otro: General Motors lanzó en Latinoamérica el modelo Chevy Nova, sin tener en cuenta que si la palabra en español se dividía en dos sílabas significaba «no va». El coche no se vendía, y tuvieron que cambiarle el nombre al modelo.

Es vital conocer al público. Una amiga consultora en marketing realizó un estudio sobre una cadena de supermercados en Grecia. Los resultados no eran buenos. El conocimiento de la marca era bajo, y había en especial un dato sobre la cuota de repetición que era alarmante: la cadena no fidelizaba. Acudió, pues, a presentar los resultados del estudio a las oficinas centrales en Atenas con lógica preocupación. No sabía cómo reaccionaría el cliente. Había hablado el día antes con la directora de marketing y no se atrevió a decirle nada. «Mejor cara a cara», pensó. Esperaba reunirse con ella y con su asistente. Pero al llegar a las oficinas del cliente y entrar en la sala, cuál no fue su sorpresa al ver que estaba allí congregada la plana mayor de la empresa: el director general, la directora de marketing, el jefe de las franquicias, el jefe de los puntos de venta propios, el jefe de publicidad de los franquiciados, la directora de RRPP, etc... Así hasta un total de diez directivos. La consultora no sabía qué hacer; había en su presentación muchos datos confidenciales... pero no había tiempo de recortar sus transparencias ni de consultar. Decidió exponerlo todo tal y como lo tenía planeado. Empezó su presentación y fue soltando los nada halagüeños datos, mientras observaba cómo el DG se iba descomponiendo y su cara se iba transformando. A mitad de la presentación, el DG la cortó abruptamente alegando una incongruencia: «Los datos no cuadran, tenemos que revisarlos antes de seguir escuchando», y dio por concluida la reunión. Evidentemente, él no quería que tanta gente estuviera al corriente de la percepción negativa que su marca tenía en el mercado, o al menos no por el momento y al mismo tiempo que él. La consultora aprendió la lección: Antes de la presentación de resultados a un cliente, debía asegurarse de quién iba a estar presente en la reunión. Conocer a su público antes.

Y una cosa más: Es mucho mejor no contarle todo al público, dejarle intuir algo, la gente entiende más de lo que uno cree. Me vienen a la mente esas películas en las que el asesino, antes de entrar en la casa, mira a cámara y dice: «Soy un asesino y la voy a matar». Hay muchos ejemplos de lo que digo en el cine americano llamado comercial o de entretenimiento. Son películas que, para el público que busca entretenimiento o evasión, cumplen su función. El único problema que le veo a este tipo de cine es que se empeñan en tomar al espectador por tonto. ¿Por qué nos lo dan todo en papilla? ¿Temen que nos atraguantemos? Tomemos, por ejemplo, la película *El gran golpe* («After the sunset», 2004), protagonizada por Salma Hayek y Pierce Brosnan. Empieza la película con un primer plano de unas manos con guantes blancos que cogen un gran diamante tallado y lo colocan en la cubeta de un maletín. Vemos cómo las manos bajan una tapa de vidrio con un cierre que encaja en la cubeta y después cómo cierran el maletín. Es un maletín blindado, de unos 30 cm de grosor. Finalmente, las manos extraen una tarjeta magnética del maletín. En la siguiente escena vemos un partido de baloncesto. Mucha gente, animadoras... y un observador con prismáticos. La cámara sigue los prismáticos y éstos se paran en Pierce Brosnan. Se oye una voz: «Vigiladle bien». A lo que el vigilante responde: «Lo tengo». Y su compañero, sentado al lado replica: «No va a ir a ninguna parte». Los dos llevan un auricular y entendemos que hablan con un tercero, su jefe, que no está en el estadio. En la siguiente escena se ve un imponente coche blindado de color negro que se acerca a la cámara, con cristales ahumados y grandes ruedas. En el interior del coche, cinco hombres trajeados, con aspecto serio. Todos llevan un cable de auricular que les cuelga de la oreja y, los de atrás, gafas de sol oscuras. Intuimos que son agentes o policía especial. El que va de copiloto, encarnado por el actor Woody Harrelson, se gira hacia uno de los agentes del asiento trasero y dice: «Dámelo, voy a entregarlo personalmente en el museo». De atrás le pasan un maletín y, por poco atentos que estemos, entendemos que se trata del maletín con el diamante de la primera escena. A lo cual el conductor replica: «Llevas más seguridad que el presidente. El diamante está a salvo. Vamos en un automóvil blindado especial, a prueba de balas y con cierres automáticos. La entrega está totalmente controlada».

Ante lo cual el espectador avispado se pregunta: ¿Era necesaria toda la explicación del conductor? Hemos visto el grosor del maletín, la cubeta con tapa de vidrio y la tarjeta magnética; también sabemos contar, hay dos agentes en el partido de baloncesto, más cinco en el coche, y por las imágenes del automóvil, deducimos que será a prueba de balas, un artefacto imponente. Pero el que seguramente debe saber todo eso mejor que nosotros es el jefe de los agentes, Woody Harrelson. Así que en la vida real su conductor no se permitiría recordarle cómo es el coche que llevan ni lo seguros que van. El conductor nos lo está contando a nosotros, al público, por si no lo captamos. ¿Hacía falta? Probablemente no. El público lo hubiera deducido solito. Y es más, en muchos casos, al público le hubiera encantado deducirlo solito. La regla «menos es más» es aplicable aquí.

Hace años fui a una conferencia sobre estudios de mercado de fragancias en Amsterdam. Duraba 3 días. Iban saliendo los ponentes, muchos representantes de importantes firmas de fabricación de perfumes, y contaban los avances en *blind tests*, las nuevas tendencias en reproducción de esencias, cómo detectar «narices» entre las consumidoras, etc... El último día le tocó hablar a un francés, director comercial de una de esas empresas. El hombre fue muy escueto. Se presentó, resumió en dos minutos su experiencia profesional y dijo que después de tantos años de vender fragancias había llegado a la siguiente conclusión: «*Moins de tests, et plus de testicules*». Fue realmente muy osado soltar eso en medio de tantos expertos en investigación de mercados. Pero tenía una cierta lógica; después de tres días escuchando las maravillas de los estudios de mercado, no hizo falta dar más explicaciones, con una simple frase recogió toda una filosofía. Seguro que había más de uno en la sala que estaba de acuerdo con él. ¡Fue un golpe de escena magistral!

Por el contrario, hay gente que cuando explica algo repite cada concepto cinco veces, y entra en el detalle sea quien sea la audiencia que tiene delante. Es mejor dejar a la audiencia intuir, pues se la predispone a una actitud más despierta, más atenta a los detalles. Si cerramos al público a lo obvio, éste pierde posibilidades de diversión. Si le dejamos imaginar, el campo es infinito: el límite lo pone él. Ya lo dijo Voltaire «El secreto de aburrir a la gente consiste en decirlo todo».

REGLAS DE ORO ANTE LOS OTROS ACTORES Y EL PÚBLICO

- Un buen comunicador:
  Escucha al otro, es flexible y adapta su mensaje en función de lo que sucede en escena. Se concentra en el otro y se esfuerza por intuir sus deseos.

- Sin público no hay teatro. El público es el elemento clave de la comunicación y merece ser respetado:
  — Hablar alto y claro.
  — Pensar si lo que vamos a decir le interesará.
  — Conocer a nuestro público y adaptar nuestro discurso en consonancia.
  — Ceñirse a los tiempos estipulados.
  — Llevar la escena siempre hacia un final, hacerla evolucionar.
  — Menos es más. No ser del todo explícito, dejar al público intuir, imaginar.

- Hay que salir a escena con confianza, el público *a priori* está siempre a favor del actor, y acepta cualquier cosa mientras no le den una razón de peso para no creerla. Del actor dependerá mantener esa confianza.

7

Acto III: La representación

«Tú eres un ser humano único.
Si tienes que decir algo, dilo,
y piensa bien de ti mismo mientras aprendes
a decirlo mejor.»

DAVID MAMET
escritor y director de teatro y cine americano, 1947

En el tercer acto se produce el desenlace de la pieza teatral. Todos los elementos que se han ido lanzando a lo largo de la obra cobran sentido, incluso aquellos que parecían más desligados del guión.

En el tercer y último acto se desvelan todos los misterios de la obra. En las páginas que siguen se juntan todas las piezas del rompecabezas que hasta ahora hemos trabajado —las técnicas teatrales— para dar cuerpo a una imagen viva, el eje central de la función del actor: interpretar. Y con la base de los conocimientos técnicos adquiridos daremos un paso adicional: introducir sin miedo nuestra personalidad para dar vida a una interpretación basada en la técnica y que transmita emoción.

TRABAJAR EL TEXTO

Ya hemos hablado de la importancia del ensayo, de la práctica. Podemos improvisar, pero no dejar toda nuestra fortuna en manos de la providencia. En el mundo de la empresa también es así. Los empresarios buenos comunicadores se preparan, también los grandes magnates acostumbrados a dar ruedas de prensa. Incluso Giovanni Agnelli, protagonista de la vida económica italiana, admirado por toda una nación por sus dotes como dirigente, pero también como seductor. Enzo Biagi, escritor y periodista, lo desvelaba en su biografía *Il Signor Fiat*: «Se hace mandar las grabaciones de las conferencias de prensa de John Ford y de Giscard, de quienes estudia incluso el comportamiento ante las cámaras». ¡Incluso *L'Avvocato*, como lo llamaban admirativamente en Italia, tenía sus trucos!

Interpretar es un acto mucho más complejo y con unas reglas más estrictas que improvisar. Supone dar vida a un texto, ser el mediador entre la voluntad del autor y la audiencia. La premisa inicial, sin la cual no es posible que la interpretación progrese, es la memorización del texto. Si queremos improvisar cuando tengamos que comunicar algún mensaje, primero debemos conocer bien dicho mensaje. Si no dominamos lo que tenemos que decir, no podremos jugar con las palabras, bromear ni salirnos de lo establecido. Estaremos todo el tiempo pendientes de leer o seguir el guión. El conocimiento del texto es la base para una buena actuación.

Cuando estudiaba teatro practicaba la memorización de un texto mediante un ejercicio llamado «El Padrenuestro». Debía aprender de carrerilla unas 10 líneas de un texto, una poesía, un párrafo descriptivo de una novela o incluso la letra de una canción. Lo importante era poder decirla casi sin respirar, que te saliera automáticamente, sin pensar. El ejercicio se llama así porque la actitud debe ser la misma que tenemos a veces al recitar esa oración, que muchos aprendimos de pequeños en la escuela y soltamos literalmente de corrido, sin necesidad de pensar en el significado de las palabras. Entonces sales a escena y recitas el texto elegido dándole distintas intenciones, que el profesor te va indicando: cantar, hacer el guiñol, adivinar el futuro, explicar algo muy importante a alguien que no lo entiende, echar un mal de ojo, hacerse el simpático, una declaración de amor, vender algo, ser severo con alguien, estar inquieto, presentar un espectáculo, contar una mentira, seducir, leer una carta (buena, mala, sorprendente), etc. La clave del ejercicio es olvidar lo que decimos, el sentido del texto, y concentrarnos en la intención que el profesor nos da. Para que esto sea posible hay que tener el texto totalmente interiorizado, memorizado perfectamente. Tal vez el profesor indique: «Dilo seduciendo a alguien», aunque el lector ya imaginará que las palabras del Padrenuestro, y de muchas poesías, no incitan lo más mínimo a ese fin. Por eso debemos apoyarnos en nuestro cuerpo, en la voz, la expresión del rostro, para «hacer olvidar al público» lo que estamos diciendo y concentrarnos en cómo lo estamos diciendo. La mirada juega un papel fundamental en este ejercicio, puede ser el auténtico catalizador de todas las intenciones que el actor quiere transmitir. En una ocasión un profesor le indicó a un compañero que nos contase una película de terror mientras recitaba «Volverán las oscuras golondrinas», de Bécquer. Sorprendentemente, conseguimos seguir esa película de terror, y si bien no entendimos los detalles menores, sí una cierta trama que el actor consiguió transmitirnos, independientemente del texto, que iba totalmente por otra dirección.

En la vida real, un buen comunicador debe tender a dominar su texto, su mensaje. Si puede sabérselo de carrerilla, tan de memoria que pueda cambiar la intención, la cadencia, la entonación, sin que el texto se vea afectado, estará preparado ante cualquier vicisitud, ante cualquier imprevisto. Hará el texto suyo como una segunda piel, conseguirá una seguridad en escena a prueba de bombas. Y eso puede serle muy útil ante cualquier cambio que se produzca en el público, en el escenario, en las circunstancias de la comunicación... o en uno mismo.

LA INTERPRETACIÓN

Cuando nos sepamos el texto, podemos empezar a trabajar las emociones del personaje que interpretamos.

El mundo de la interpretación en Occidente se rige por varias teorías sobre la actuación y cómo los actores afrontan sus personajes. Todas ellas podemos agruparlas en dos grandes tendencias: la de Brecht y la de Stanislavski.

La primera, la actuación brechtiana, y también la farsa popular, tiene por objeto representar el personaje. No pretende crear ilusión de realidad y da prioridad a la técnica sobre el sentimiento. Los actores no esconden la técnica utilizada, sino que la incorporan a su actuación, la hacen evidente. Como espectadores, nos transmiten una sensación de teatro poco natural. Los actores no parecen gente como nosotros, normal y corriente, sino un tanto afectados, no se comunican como lo haríamos nosotros normalmente. Es un efecto buscado por el director, para poner en evidencia determinado mensaje. Por ejemplo, no podemos imaginar que la gente de la calle hable como Otelo.

Por el contrario, Stanislavski y sus seguidores creen en la actuación realista psicológica. Ésta es quizá la teoría predominante actualmente en las escuelas de interpretación del mundo occidental. Hace énfasis en la naturalidad. Acepta que debe haber una cierta técnica, pero trata de ocultarla a los ojos del espectador. Su objetivo es que la actuación sea igual o lo más parecida posible a la vida. Como espectadores, nos parecerá que los actores se comportan como nosotros. Es más, cuando el crítico teatral juzga sus interpretaciones, más acertadas las juzgará cuanto más parecidas sean a la vida real. En estos casos, la dicción pomposa, afectada, excesivamente histriónica, o los movimientos estudiados no encajan, desentonan con la tónica que el director quiere transmitir. A veces, irónicamente, se critica que haya actores tan naturales que no parece que actúen. Hay directores de cine que, para reforzar este efecto de cercanía con la vida real, optan por rodar con actores no profesionales o con gente de la calle, gente que nunca antes se había puesto delante de una cámara. Por ejemplo, en el largometraje *Una historia del Bronx* el personaje del joven italiano delincuente, criado en los suburbios, lo interpretaba Lillo Brancato, que no era actor y llevaba una vida similar en la realidad. El diseñador español Roberto Verino utilizó en una ocasión personas de la calle, que nunca habían actuado como modelos, para el desfile de una de sus colecciones en la Pasarela Cibeles.

Casi toda la formación que he recibido como actriz se orienta hacia el segundo movimiento, el llamado realismo o la introspección del personaje. Pero incluso el actor que prepara su papel «viviéndolo» debe utilizar una técnica. El actor debe mantener un equilibrio entre técnica y sentimiento. Entre re-presentar el papel y vivirlo. Entre imitar a un cierto personaje y encarnarlo.

Encontrar ese equilibrio en teatro no es fácil. Hay personajes con los que uno se identifica especialmente y en los que sin querer involucra una parte de su ser. Por el contrario, en aquellos que no se parecen en nada a uno, lo más natural es mantener la distancia. Puede que haya incluso personajes que generen rechazo y el actor no sepa cómo afrontarlos, cómo meterse en ellos, puesto que en la vida real no se comportaría así.

LA BÚSQUEDA INTERIOR

Los seguidores de Stanislavski insisten en que el actor debe buscar en su interior el estado anímico necesario para encarnar al personaje. Debe evocar mentalmente las situaciones o sensaciones de su pasado que le permitan ser Ofelia, por ejemplo. Una profesora de arte dramático, con la que discutía sobre cómo bucear entre nuestros sentimientos más íntimos, me dijo: «Debes buscar la puta y la asesina que llevas dentro». Con todo mi respeto por aquella gran maestra, discrepo en parte de esa aseveración. Hay que implicarse emocionalmente, de lo contrario cualquier cosa que se diga sonará a falso, pero... ¿qué sucede cuando busco en mi interior la puta y la asesina y no las encuentro? No siempre el actor interpreta personajes con los que se identifica o le son cercanos. Si interpreto el papel de que mi padre ha muerto, no tengo por qué *creer* que él ha muerto realmente. Bastará con *imaginar* que ha muerto. Es preferible imaginar a creer algo que en realidad no me creo.

Recientemente he asistido a un seminario de preparación expresiva en una escuela de teatro de Madrid. Cada día he salido del curso agotada, aunque el adjetivo que mejor definiría mi estado sería vacía. Me he involucrado con todo mi ser en las situaciones que nos proponían, como hablar con aquel ex novio que me dejó, mantener un dialogo entre mi yo creativo y mi yo racional, vivir mi propio entierro, etc... Te involucras de tal manera que olvidas la realidad, consigues despojarte de tu cuerpo y verte muerto como si de otro se tratara. Te embarga tal sentimiento de pena que afecta a todo lo que comunicas en escena. Sé que al explicarlo resulta irracional, pero también sé que lo que sientes en ese momento es cierto, no hay falsedad en tus palabras. En aquellas escenas yo no *jugaba a* hablar con mi cuerpo muerto, era algo mucho más veraz, que te afecta como persona, toca tu corazón, tu alma. Y he llorado tanto, que al salir de las clases no tenía fuerzas para nada. Puedo dar fe de que después de «sacar tanto» cualquier director podría haber hecho de mí *lo que quisiera*. Yo misma me daba cuenta de hasta qué punto me tornaba moldeable tras dos horas expulsando sentimientos, chillando y revolcándome por el suelo, moviéndome con total libertad. Alcanzaba un estado de embriaguez semejante al de una borrachera. Pero para mí ese modo de trabajar el personaje tiene dos inconvenientes:

1. Al acabar debía recoger los trocitos que quedaban de mí misma esparcidos por la sala. Para jugar con fuego de ese modo necesitas muchísima técnica que te permita entrar y salir de esos estados anímicos sin que tu auténtico ser se vea afectado. Y también precisas de una cierta fortaleza psicológica. Desconozco cuántos actores lo consiguen de verdad ni si es muy recomendable para la salud mental.
2. Suponiendo que lo consigas, que domines tu psique y no te afecte rememorar la vivencia de ese novio que te dejó... ¿quién te dice que podrás repetirlo cada noche, en el caso del teatro, o bien en cada repetición de una toma, en el cine?

Es preferible que cada actor encuentre sus trucos para ponerse en situación. Hay a quien le ayuda el *atrezzo*[12] o caracterizarse del personaje que va a interpretar. Yo creo

12. *Atrezzo*: Voz italiana que designa los aparatos y utensilios que se utilizan para la representación teatral.

fervientemente, por un lado, en la importancia del texto y de la interacción con el resto de actores, y, por otro, en el poder de la imaginación y de la concentración.

Es cierto que hay que encontrar en cada personaje algún punto de conexión con tu ser, algún aspecto personal que te acerque al mismo. Pero manteniendo el control de tus emociones, no dejando que éstas se desborden. De lo contrario no eres tú quien domina el personaje, sino más bien al contrario.

Me ocurrió interpretando al citado personaje de la señora elegante en *Roberto Zucco*. Ella se enamora de Zucco, un asesino que acaba matando a su hijo. Mientras ensayábamos estaba embarazada de mi segundo hijo, y algo en mi interior se revelaba contra esa mujer. Como personaje no la soportaba, no entendía cómo podía seguir con Zucco tras presenciar cómo mataba a su propio hijo, y eso me afectaba al ensayar, no conseguía mantener la calma frente al texto. Tras largas conversaciones con nuestra directora empecé a respetar a mi personaje. No me identificaba, pero lo respetaba y aprendí a aceptarlo como era. Para aceptarlo, utilicé un truco: construí una leve cortina mental en mi interior. Con esa «cortina» trabajé el personaje. Mi señora elegante tenía, a un lado de la cortina, su amor de madre y el dolor por el niño muerto y, al otro, un sentimiento de desarraigo, de desesperación por una vida insatisfecha, que la lleva a volcarse en esa pasión irracional hacia Zucco. Y por separado podía conectar con ambos lados de la cortina. Me identificaba plenamente con la madre y el amor que siente por su hijo, y podía entender y sentir cariño por esa cincuentona a la que su marido ya no hace caso, insatisfecha, en busca de emociones para sentirse viva. En ambos lados del personaje había un poco de mí, establecí la conexión para transmitir verdad. Pero utilicé la técnica para que ciertos aspectos de la señora elegante que no compartía no interfirieran negativamente en mi interpretación. Es decir, conjugué emoción y técnica.

En el mundo de la empresa también es importante buscar una conexión con aquello que debemos comunicar, meter algo de nosotros mismos, intentar fingir lo mínimo. Lo que en teatro se llama «tener sentido de la verdad». De lo contrario, el público lo notará, sabrá cuándo no hay verdad en el mensaje. Eso es fácil de conseguir cuando explicamos algo con lo que nos identificamos, algo que nos gusta. Por ejemplo, el *brand manager* que presenta ante la fuerza de ventas el lanzamiento de un producto que él ha diseñado y desarrollado durante un año, el dependiente de una tienda de ropa al que le gusta vestir con esas marcas o el chef de un restaurante que explica a un grupo de comensales su nueva creación culinaria.

Pero a veces no nos identificamos con aquello de lo que vamos a hablar, o bien el mensaje nos gusta pero no sentimos simpatía por la audiencia. El vendedor que va a visitar a ese comprador con fama de pesado o protestón y que tiene que interpretar el papel de «estoy encantado de estar aquí contigo». O el jefe que tiene que comunicar a sus colaboradores que este año, por razones presupuestarias, no habrá subida de sueldos más allá del IPC. Veamos cómo actuar en estos casos.

LA EMOCION

«Los actores son los únicos hipócritas honestos.»

Hamlet

Jorge Eines en su libro *Hacer. Actuar* da tres opciones para interpretar un cierto papel con *sentido de verdad*. Imaginemos a un actor que debe dar vida a Romeo en la obra de Shakespeare. Puede optar por:

1. Enamorarse de verdad de la actriz que interpreta a Julieta. Pero ¿qué pasa si ella no es su tipo, si no le gusta? En ese caso, al actor le será complicado transmitir sensación de verdad cuando mire a Julieta.
2. Imaginar que es otra mujer, alguien a quien una vez amó. Cada vez que mira a la actriz que interpreta a Julieta, intenta ver a esa mujer amada en el pasado. Como sucedía con el novio que me dejó, ¿será posible recordar a la amada cada vez que sea necesario? La memoria puede fallarnos y nuestras sensaciones al recordarla no tienen por qué ser siempre las mismas, lo cual afectaría a Romeo y, por ende, a lo que Julieta percibe de Romeo.
3. Partir de un pequeño detalle, la mano de Julieta. Eines dice: «El actor empieza a trabajar con la mano, sondea algo de la mano amada que tiene dentro. Al trabajar con esa mano, el actor podría encontrar aquello que ama, no en la totalidad, sino en la particularidad de la acción elegida. Desde lo singular de la mano a lo general del personaje».

La primera opción pretende que sea verdad algo que no lo es, algo que es fingido. La segunda opción se concentra en la memoria, en revivir escenas pasadas, en buscar en el interior ese amor por Julieta. Ese efecto puede producirse en determinadas ocasiones, pero al tener que repetirlo puede perder su autenticidad. La tercera opción parece la más sensata. No tiene objetivos tan ambiciosos, parte de algo muy concreto y pequeño para desde ahí ir construyendo un sentimiento más amplio.

Veamos cómo se aplicarían estas tres opciones a la vida empresarial. Por ejemplo, en el caso de un vendedor —Juan— que debe negociar con un comprador —el señor Mir— con fama de duro y antipático. ¿Cómo afronta el vendedor la reunión?

1. Juan se convence de que el señor Mir le cae bien, de que es muy simpático. Pero ¿qué ocurre cuando llega allí y el señor Mir le suelta una impertinencia? Probablemente Juan no pueda mantener ese sentimiento positivo hacia Mir por mucho rato si no lo siente realmente; sonará a falso y puede que Mir lo note, e incluso sea contraproducente.
2. Juan piensa en un amigo al que tiene mucho afecto, y cuando habla con Mir se imagina que tiene delante a su amigo. Nuevamente, Mir tendrá reacciones distintas a las del amigo de Juan y, además, éste no está allí, y a Juan le puede fallar la memoria emotiva. Es una opción arriesgada, y requiere muchísima concentración.
3. Juan se fija en un pequeño detalle. Por ejemplo, el señor Mir tiene una foto de sus hijos sobre su des-

> pacho; son dos niños preciosos, no tendrán más de cinco o seis años. Luego es padre, y seguro que con sus hijos es tierno y cariñoso. Juan puede mirarlo como padre, como un comprador que es padre también. Incluso si se tercia, hacerle algún comentario sobre lo guapos que son sus hijos. Parte de un pequeño detalle que es cierto: no necesita mentir para comentarlo, y a partir de ahí va construyendo una relación con más matices.

Ese pequeño detalle del que partir puede ser cualquier cosa. Juan podría haberse fijado en algún rasgo físico del señor Mir. Por ejemplo, tiene unas uñas muy limpias y bien cortadas, señal de que es una persona cuidadosa y que da importancia al detalle. O no se muerde las uñas, es alguien tranquilo. O lleva una bonita camisa, luego el señor Mir es alguien de buen gusto. Cualquier cosa que atraiga la atención de Juan positivamente y le permita decir algo agradable de su cliente que sea cierto. Porque si miente, si se miente a sí mismo en su percepción de Mir, lo transmitirá también en su mensaje.

La venta del objeto imposible

El análisis de la actitud del actor ante la escena se puede ejemplificar con un clásico ejercicio de interpretación: «La venta del objeto imposible». Un actor escoge un objeto corriente, sale a escena y trata de venderlo a los demás. Va dando argumentos para la venta y cuando alguno de los asistentes del público está verdaderamente interesado y desea comprarlo grita «compro» y se acaba el ejercicio. El éxito del vendedor consiste en que observe detenidamente el objeto hasta descubrir las cosas que le atraen y poder explicarlas a los demás. La concentración es fundamental en este ejercicio. La venta pasa por el interés que el vendedor logra despertar en sí mismo. Pero hay algo más. Para complicar el ejercicio, la gracia está en que los objetos a vender deben ser *a priori* invendibles, por ejemplo, un zapato (uno solo, sin pareja), un rotulador gastado, un mando de TV (pero sin ningún aparato anexo), una botella de plástico agujereada, etc... Con lo cual la venta sólo podrá realizarse si la implicación es personal y el actor consigue darle al objeto un valor emocional. Al elegir objetos inútiles se escenifican situaciones similares a aquellas en las que debemos comunicar algo con lo que no nos identificamos —no hay subida de sueldo para mis colaboradores el año que viene— o a alguien a quien no aprecio —el señor Mir.

Está prohibido hacer trampas, es decir, inventarse historias maravillosas acerca del objeto —por ejemplo, «este zapato se halló junto al cadáver de Marilyn Monroe el día de su muerte»—, porque entonces se tornan objetos de coleccionista y su valor es altísimo. Deben ser objetos con un valor de mercado nulo, objetos por los cuales nadie pagaría nada.

Aunque parezca increíble, hay actores que han conseguido contar cosas maravillosas e insospechadas de objetos aparentemente insulsos. Recuerdo a un actor que debía vender el reposabrazos de una silla y nos implicó explicando que aquel objeto era parte de un todo, como cualquier elemento formaba parte de un todo. Era obvio, pero él lo estaba «descubriendo» en ese momento, y fue como una revelación para él y también para el resto de la clase. O aquel otro que debía vender el borrador de pizarra y nos contó que para él ese borrador era como la vida, con dos caras, una lisa y otra rugosa. Todos estos comentarios fueron totalmente espontáneos, no pudieron prepararlo porque no se les dio tiempo, nacieron de la concentración y del cariño despertado por el objeto.

En este ejercicio, para convencerse del valor emocional del «objeto imposible», el actor debe aislarse de su entorno y dejarse llevar. Es un ejercicio que exige valentía, no hay trampa ni cartón, eres tú ante un objeto inservible, y te permite demostrarte lo importante que es la motivación en la vida. En definitiva, lo importante que es la tensión emocional positiva. La mayoría de esos objetos encuentran comprador, el público no es indiferente a los mensajes contados desde la emoción, no puede serlo. Cuando alguien te cuenta algo y se implica con toda su persona, te empuja a prestar atención.

Para vender cualquier cosa en la vida o para transmitir cualquier mensaje, el primer convencido debe ser uno mismo. Si tú no estas convencido, partes con desventaja. Pero si lo estás, cualquier pequeño detalle lo tornarás a tu favor y le encontrarás el interés a un rotulador sin tinta.

Al final, lo que el actor debe tener claro es que en escena eres tú, nada puede esconderse. ¿Qué quiere la audiencia? Honestidad. Mi amiga óptica me dice que si unas gafas no le gustan, no las enseña. Y lo mismo podemos decir de los políticos. A menudo se les tilda de hipócritas, se dice que están siempre fingiendo. Yo digo que es difícil dar tantos mítines con tal entusiasmo si no estás convencido de lo que defiendes. Por fuerza tienen que creer en lo que promulgan para hacerlo con tal convencimiento (otra cosa es que después esas promesas se cumplan).

En definitiva, si el actor quiere arrancar el aplauso del público, no puede esconderse. En la vida real tampoco. El público es nuestro espejo. Si nosotros nos implicamos, la audiencia se implicará. Si nos emocionamos, provocaremos una reacción en el público, una emoción.

El objetivo es encontrar la justa medida, ese justo equilibrio entre emoción y razón, entre sentimiento y lo que los actores llaman técnica. Con estas líneas quiero empujar al lector a que saque su parte emocional, pero una vez está fuera cada uno debe decidir en qué medida la quiere mostrar u ocultar.

Tanto en la empresa como fuera de ella, el mejor comunicador es aquel que ha encontrado el punto de equilibrio para la conexión emocional, es decir, aquel que transmite aquella dosis de sentimiento que le permite conectar emocionalmente con su audiencia, pero sin dejarse llevar por ella.

...Y así llegamos al final del tercer acto.

Los actores saludan al público.

Se respira la emoción en el escenario y en el patio de butacas.

Aplausos.

Cae el telón.

REGLAS DE ORO DE LA REPRESENTACIÓN

- Para representar un papel o para comunicar algo, lo primero es conocer perfectamente el texto, memorizarlo a la perfección.
- La interpretación requiere un equilibrio entre técnica y sentimiento. Si sólo hay técnica, transmitimos frialdad. Si sólo hay sentimiento, no controlamos la comunicación, las emociones nos controlan a nosotros.
- En la comunicación empresarial, la técnica supone controlar qué vamos a decir y cómo. Concentrarnos, ensayar el texto, estudiar el escenario, conocer a nuestro público, en definitiva, prepararnos.
- A ello debe sumarse nuestra implicación personal. Debemos mostrar al público que nos involucramos con lo que decimos, que estamos motivados para transmitir ese mensaje.
- Aunque no nos identifiquemos con el mensaje que debemos comunicar o no simpaticemos con la audiencia, podemos buscar un punto de conexión, un detalle con el que sí nos identifiquemos. Darle la vuelta al mensaje o a la audiencia de modo que encontremos ese punto en el que no fingimos, en el que conectamos con lo que decimos, aunque sea en parte.
- Si queremos conectar con nuestra audiencia, en escena debemos ser nosotros, no podemos escondernos. El público agradece la honestidad.

Nota final de la autora

Con este libro he pretendido, utilizando el paralelismo con el mundo del teatro y las técnicas teatrales, ayudar al profesional y a todos los no actores a comunicarse mejor, a ser más emocionales y, por tanto, despertar reacciones, emociones en su público.

Sin embargo, como ya llegamos al final del libro, me atrevo a confesar que estas páginas encierran también otra ambición, un deseo secreto. El acercar el teatro a un colectivo de profesionales, la gente de empresa, que, por lo general, lo conocen poco. A menudo oímos la expresión «hacer teatro» referida a gente poco honesta, falsa. Quisiera que estas páginas despertaran una mayor simpatía del mundo empresarial hacia el mundo del actor profesional. Me conformaría con conseguir aumentar la curiosidad del directivo por una profesión maravillosa y dura a la vez, por un arte necesario todavía hoy, en un mundo sumido en plena vorágine digital. Quisiera que esa curiosidad animase a los lectores a conducir sus pasos hacia un teatro cualquiera de su ciudad y disfrutar de un espectáculo teatral. Y espero que compartan esa experiencia con el respeto hacia los que están sobre las tablas, y también con la conciencia de que ellos, como espectadores, son parte integrante del espectáculo, son un miembro vivo del mismo.

Bibliografía

Barba, Eugenio, y Savarese, Nicola, *Anatomie de l'acteur. Un dictionnaire d'anthropologie théâtrale*, Cazilhac: Bouffonneries/Contrastes, 1985.

Barker, Clive, *Theatre games. A new approach to drama training*, Metheuen Drama, Londres, 1989.

Biagi, Enzo, *Il signor Fiat*, Ed. Rizzoli, Milán, 2003.

Boal, Augusto, *Juegos para actores y no actores*, Alba Ed. Artes Escénicas, Barcelona, 2001.

Brook, Peter, *El espacio vacío. Arte y técnica del teatro*, Nexos, Barcelona, 1993.

Brook, Peter, *Más allá del espacio vacío*, Barcelona, Alba, 2001.

Brooks, David, *Bobos en el paraíso*, Arena Abierta, Ed. Grijalbo Mondadori, Barcelona, 2001.

Chejov, Michael, *Sobre la técnica de la actuación*, Alba Ed., Barcelona, 2002.

Clinton, Bill, *My life*, Mondadori, Milán, 2004.

Deneuve, Catherine, *À l'ombre de moi-même*, Ed. Stock, París, 2004.

Echevarría, Rafael, *Ontología del lenguaje*, Dolmen Ensayo, Ediciones Granica, Buenos Aires, 2001.

Eines, Jorge, *Hacer. Actuar*, Gedisa Ed., Barcelona, 2005.

García Lorca, Federico, *Comedia sin título*, Ed. Seix Barral, Madrid, 1978.

Guerra, Alfonso, *Cuando el tiempo nos alcanza. Memorias (1940-1982)* Espasa Hoy, Madrid, 2004.

Gussow, Mel, *Conversazioni con Pinter*, La collanina 15, Ed. Ubulibri, Milán, 1995.

Jouvet, Louis, *Testimonios sobre el teatro*, Ed. Psique, 1953.

Jay Schneider, Steven, *1001 film da non perdere*, Atlante, Bologna, 2003.

Jaques-Dalcroze, Émile, *Le rythme, la musique et l'education*, Foetisch Frères, Ginebra, 1965.

Kotler, Philip, y Trías de Bes, Fernando, *Marketing Lateral*, Pearson Prentice Hall, Madrid, 2004.

Lucignani, Luciano, *Vittorio Gassman. Intervista sul teatro*, Sellerio editore, Palermo, 2002.

Lumet, Sidney, *Así se hacen las películas*, Ediciones Rialp, Libros de cine, Madrid, 2002.

Mamet, David, *True and false. Heresy and common sense for the actor*, Faber and Faber, Kent, 1998.

Melchinger, Siegfried, *El teatro desde Bernard Shaw hasta Bertolt Brecht*, Fabril Editora, 1959.

Stanislavski, Constantin, *Manual del actor*, Diana, México, 2000.